お金の不安がなくなる小さな習慣

心と財布に
余裕が生まれる
88
のヒント

はじめに

人を変えるのも、未来を変えるのも、日々の小さな習慣の力です。

毎日、繰り返される習慣は、コツコツ〝投資〟することと同じ。自分のなかにある〝資産〟をふやしていくことになります。

お金を稼ぐ力や、お金を遣う力も、日ごろの習慣によって養われるもの。いい言葉や行動、考え方の習慣は、頭であれこれ考えなくても、自動的に人生をいい方向に連れていってくれます。

「お金の不安がない人」というのは、ただお金をもっている人ではありません。

お金がある程度あっても、働く意欲がなくて、浪費癖のある人であれば、不安でたまらないでしょう。

お金は安心を買える便利な〝道具〟ですが、その扱い方を知らないと、満足する人生にならないばかりか、自分を傷つけることになってしまうのです。

「お金の不安がない人」は、どんな未来がやってきても「なんとかなる」と思える人です。安心とは、お金がなければ得られないわけではありません。

たとえば、貯金がなくても仕事で得たスキルや知識があって、なにかと声をかけられる人、年金暮らしでも上手くやりくりしてゆたかに暮らす知恵のある人、そのときそのときで助け合える人間関係を築ける人であれば、お金よりよっぽど安心感があるでしょう。

お金をもつこと、ふやすことも大事ですが、まずは、自分のなかに生きるための〝資産〟をたくわえて、お金に選ばれる人になることが先決なのです。

この本は、そんな安心感、信頼感のある人になるために、今日から実践してほしい習慣を集めました。

仕事術や節約術、財テクを書いた本ではありません。

「お金の不安をなくし、安心して生きていくためにはどうすればいいか？」ということだけにフォーカスして、賢いお金の「遣い方」「稼ぎ方」「貯め方（活用の仕方）」「人とのつき合い方」「時間の使い方」「暮らし方」「考え方」の習慣を書きました。

これらの習慣を重ねるうちに、「まぁ、なんとかなるでしょう！」という自信がわいてくるのを実感するはずです。

「お金の不安がなくなる習慣」は、ほんのちょっとしたことから。
「毎日使うもの」こそ、良いものを選ぶ
モノより経験にお金をかける
気の進まない誘いはさらりと断る
「一日の優先事項」を3つ以内に絞って〝先取り〟する
……というようにお金や時間を効果的に使う行動を繰り返していきます。

もし、あなたがこの本にある習慣をひとつでも実行すると、つぎのようなことが起こり始めます。

＊これまでより少しばかりお金に余裕が出てくる
＊なににお金をかけて、なににお金をかけるべきでないかが明確になる
＊気持ちに余裕が生まれて、新しいことを始めたくなる
＊まわりの人を大切にして、まわりからも応援してもらえるようになる
＊「いま、できること」「いま、したいこと」に集中できるようになる
＊お金とのつき合いとともに、自分とのつき合いもわかるようになる
＊お金に頼らない問題解決の方法、幸せを感じる方法が見つかる
＊お金の不安が少しずつ消えて「なんとかなる」と思えてくる

「習慣にするためのコツ」は、いますぐできる、ものすごく簡単な習慣から、ひとつずつやってみること。

ひとつでも実行できたら、「よしよし」と自分をほめてあげてください。

バカバカしいようですが、意外と効果があるのです。

習慣は「小さなこと」「〝快感〟があること」でないと続かないという特徴があります。「よしよし」「よくできた」「いいね」と意識して声をかけていると、自然にやろうとする気分になるものです。

また、「朝いちばんに、こうしよう」「人と会ったら、こうしよう」というように、場面ごとの〝マイルール〟に落とし込んでいくといいでしょう。

繰り返しますが、「なんとかなる」という自信は、日ごろの習慣によって養われるものです。

この本が、あなたがこれからのお金や生き方について考える〝作戦会議〟の相手になれたら、ほんとうに幸せ。あなたの毎日が、安心できて、ゆたかで、幸せに満ちたものになることを心から願っています。

有川真由美

CONTENTS

CHAPTER 2

自分の価値をどんどん高めていく稼ぎ方の習慣

CHAPTER 3
お金をふやす仕組みをつくる 貯め方、投資の習慣

CHAPTER 4 お金以上のリターンをもたらす人間関係の習慣

CHAPTER 5

大切なことを優先する時間の習慣

CHAPTER 7

明るい未来をつくり出す考え方の習慣

ブックデザイン アルビレオ
校閲 東京出版サービスセンター
DTP マーリンクレイン

CHAPTER 1

〝自分のものさし〟で選ぶ、お金の使い方の習慣

1

「安いから」ではなく「必要&好きだから」で買う

百貨店のバーゲンやネットショップで「本日まで半額」「2個まとめて○割引」なんて表示を見つけると、安さに釣られて「いま買わなきゃ損!」「いつか使うから!」と、ついつい買ってしまうことはありませんか?

しかし、「安いから買う」という習慣は節約しているようで、いちばんの無駄遣い。「安いから」と購入した服は押し入れの奥にしまわれていたり、食料品は食べ切れなかったり消費期限が切れてしまったり。買ったことさえ忘れているものもあります。「安いから買った」を繰り返している人の家は大抵、ものがあふれているはずです。

一方、賢いお金の遣い方をしている人の判断基準は、あくまでも「いまの自分にとって必要か」「自分がほんとうに気に入っているか」。だから、じっくり吟味して買うし、必要でないものは、どんなに値段が安くなっていても、見向きもしません。

迷う理由が値段なら買い。買う理由が値段ならやめておきましょう

私は買うかどうか迷ったとき、「迷う理由が値段なら買え。買う理由が値段なら止めておけ」と自分に言いきかせます。値段が高すぎるなら迷うこともしませんが、「ちょっと高いけど、どうしよう」と迷うのなら、不可能ではなく、それだけ気に入っているということ。逆に「安いから買っちゃえ」となるなら、なにかしらマイナス点があるということなので、無駄遣いになるのがオチ。

そもそも「安いから」と買ったものには〝愛〟がないのです。少々高くてもほんとうに欲しくて買ったものは〝愛〟があるので、使うたびに気分がよく、大切に使おうとします。好きなものだけに囲まれて暮らしている人の家は、心地いいはずです。

「値段で選ぶ」のではなく、「ほんとうに必要なもの、気に入ったものを選ぶ」という習慣が、お金を大切に遣い、お金と仲良くつき合っていく基本になるのです。

2

衝動買いしたくなったら、「一晩寝かす」

「あ、これ欲しい！」という素敵なものに出合った瞬間は、心ときめくものです。まるで一目ぼれするように気分が盛り上がって「つい衝動買いしてしまった」ということは、誰しもあるでしょう。

深夜のテレビやネットショッピングなどでも、衝動に任せて「ポチッ」と購入ボタンを押し、瞬く間に買い物が終了。数日後、段ボールに入った商品が届いたとき、「あれ？　なに買ったんだっけ」と記憶が曖昧だったり、「また余計なもの、買っちゃったな」と後悔したりする可能性は高いはずです。

人はものを実際に手に入れた瞬間より、「手に入るかも」と思った瞬間のほうがより興奮し、快感を得られるといいます。とくに疲れているときや、ストレスがたまっているときは、一瞬の〝快楽〟を満たしたいために、自制心が働かなくなります。

いくらか罪の意識を感じつつも、「たまには、がんばった自分にご褒美！」などと言い訳して、ブレーキが利かなくなってしまうわけです。

買い物上手の人は、衝動買いは失敗が多いとわかっているので、衝動的に買いたくなったら、「一晩寝かせる」が鉄則。翌日、頭を冷やして考えると「いま買う必要はないから、もう少し待とう」「似たものをもっていたから要らないか」など思いとどまることがほとんどです。

一晩寝かせても「やっぱり、どうしても欲しい」と、わざわざ買いに行ったり、改めてネットにアクセスしたりするなら、よくよく考えたうえでのことですから、買って後悔はないでしょう。

そんなふうに「買わないでよかった」「買ってよかった」という買い物の〝成功体験〟が増えるほど自信になり、お金の不安をなくしてくれるのです。

ネットは求めるものが目につき、

衝動買いしやすい仕組みになっているので要注意

3

見栄のためにお金を遣わず、自分にとっての「心地よさ」で選ぶ

「他人からよく思われたい」と人の目が気になったり、「他人より優位でありたい」と人と比較したりするのは、人間の性《さが》ですが、お金の遣い方において、まわりばかりを気にする〝見栄っ張り〟な人は浪費しやすく、貯金もたまらないでしょう。

収入が少ないのに身の丈に合わない高価なブランドの服や時計、バッグを身につけたり、いい車に乗ろうとしたり、つき合いで豪華な食事会に行ったりしてしまうのは、もしかしたら自分に自信がないか、自分を見失っているからかもしれません。

また、世帯年収が600万円から1000万円の家庭は、意外に貯金が少ないといいます。「自分たちは上流階級」という意識があって、タワーマンションに住んだり、子どもを私立の学校に通わせたり、経済レベルが高い人とつき合ったり……と、日常の消費すべてがワンランク上になりがちなのです。

お金の不安がない人は、人と張り合うためにお金を遣うことがありません。

まわりがどうかではなく、あくまでも〝自分の気持ち〟や〝心地よさ〟が軸で、「私は、それは要らない」「私はこの程度がちょうどいい」と選びます。人からどう思われるかよりも、自分がいかに満足するかを優先するので、まわりに流されたり右往左往したりすることなく、心穏やかでいられるのです。

何十億を稼ぐ一流の投資家やスポーツ選手が、意外に質素な暮らしをしているのは、見栄を張る必要がないこともありますが、余計なことに惑わされず、自分にとって心地いい環境で、自分のやりたいことに専念したいからでしょう。

自分にとっての「心地よさ」を追求することが、誇り高い生き方にもつながるのです。

〝人との比較〟は、振り回されるものではなく、成長するために利用しましょう

4

「毎日使うもの」こそ、良いものを選ぶ

賢く、ゆたかなお金の遣い方をしている人は、「毎日使うもの」にお金をかけています。なにかを買うとき、まず考えたいのが「使用頻度」。年に1回しか使わないものに大金をはたいても、喜びは年に1回。ですが、毎日使うものが、お気に入りの良品であれば、365日喜びや心地よさを感じて、生活の質もぐんと上がります。

支払うお金の価値を、つぎのような公式に当てはめてみるといいでしょう。

「支払うお金の価値＝喜び（貢献度）の大きさ×頻度（or時間）」

たとえば、ほとんど使わないパーティ用のバッグに何万円もかけるのは、もったいない気分になるもの。毎日、仕事で使うバッグに良質なものを選ぶと「もっているだけで気分が上がる」「ちゃんとして見える」「機能的で快適」「丈夫で長持ち」など、使うたびに多くの喜びを味わえるので、少々高くても価値があるのです。

私は、毎日使うパソコンやテーブル、財布などは、自分にとってちょうどいい〝良品〟を選んでいるので、長い間使い、満足度は120％以上。「いつも、いい仕事をしてくれて、ありがとう！」という気分になります。

歯ブラシやシャンプーなども気に入ったものをリピート。何度も買いたくなる良品に出合うことは、自分の好みや心地いいものを知り、商品選びにあれこれ迷う手間が省けて、生きやすさにつながります。

支払うお金を、使用頻度で考えることで、あまり使わないものをたくさんもつより、お気に入りの良品を少なく持ち、使い倒そうという習慣をつくってくれます。

ただし、頻度は少なくても防災道具や入院費用など命を助けてくれる支出や、親孝行や旅行など形に残らなくても記憶に残る支出もあるので、そこは出し惜しみせずに。

リピート買いしたくなるものに出合うことは、生きやすくなることです

5

普段は「ちょっと節約」、こだわりたいところは「ちょっと奮発」する

かつて私が居候していた家の主人は80代の女性。普段は質素な暮らしでしたが、ふと海外の秘境に出かけたり、お寺に寄付をしたり、いつか入る老人ホームの入居費用を前払いしたりと、ポンと大金を出す人でした。彼女がよく言っていたのは……。

「お金の遣い方は、水道の蛇口と同じ。水の容量は限られているから、普段は蛇口をしっかり閉めておいて、いざ出したいときにジャッと開けばいいのよ」

つまり、水が流れるようにだらだらとお金を遣っていては、いざ出したいときにお金が残っていない。普段は「ちょっと節約」して、こだわりたい点で「ちょっと奮発」する、メリハリのあるお金の遣い方が大事なのだと教えてくれたのです。

たしかに、ずっと節約ばかりでは心が疲弊して、イライラで家族がぶつかったり、ストレスの反動で衝動買いしたりして本末転倒。一方、いつも財布のひもをゆるめて散財してばかりでは、お金の不安がついてまわるでしょう。

「お金がない」と嘆いている人の多くは、大きな出費があるのではなく、小さな出費をちょこちょこ重ねているから、いつの間にかなくなってしまうのです。

「ここはお金をかけたい」と思う点は人それぞれ。「写真館で家族写真を撮りたい」「毎年、夏の音楽フェスに行きたい」「本にはお金をかけたい」などいろいろあるでしょう。そんな「ここぞ」のために、ムリのない程度の節約をするのです。

「節約」とは、安いものを買ったり、なんでもケチったりすることではありません。自分にとって必要なこと、不必要なことをわかって、ムダな出費をしないことです。

節約と奮発のメリハリをつける習慣は、単調な毎日に活力も与えてくれます。

それに、体の健康と同じで、欲しいものをなんでも買うより、普段は少しの自制心を働かせて腹八分目くらいにしておいたほうが、心の健康にいいのです。

「あると便利」と買おうとするとき、「なくても済む」と言い換えてみましょう

6

「支払うお金」を、それを得るために「働いた時間」に換算する

「物を買うというのは、稼いだ金で買っているのではなく、労働をした時間で買っているのだ」と言ったのは「世界一貧しい大統領」と呼ばれたウルグアイのムヒカ元大統領でした。２０１２年、地球サミットでのムヒカ元大統領のスピーチは大きな反響を呼びました。古代ローマの哲学者セネカの「貧乏な人とは、少ししか物を持っていない人ではなく、無限の欲があり、いくらあっても満足しない人のことだ」という言葉を用いて、経済発展のあり方や、ライフスタイルを見直すべきだと提言したのです。

人びとは、家や車のローンを払うためや、さまざまな物を買うために働き続けて、あっという間に一生が終わってしまう。本来は、愛、人間関係、子育て、友だち、必要最低限のものをもつことなど、幸福であることをもっとも大切にすべきだと。

私もそんな考え方に共鳴して、ムヒカ元大統領の妻、国会議員でもあるルシア・トポランスキーさんを取材。夫妻が収入のほとんどを慈善団体に寄付して、農業をしな

がら質素に暮らしている様子を見て、「むやみに欲しがらないことは品格であり、時間と心の自由を手に入れること」なのだと、すとんと腑に落ちたのです。

それから「支払うお金」を「働いた時間や労力」に換算する習慣がつきました。

私たちが1万円のものやサービスを買うとき、時給1000円の人なら10時間、10万円のものには約12日半の労働時間を差し出していることになります。

「この商品に、それだけの価値があるのか」と考えると、無駄遣いせず、ほんとうに価値のあること、人や自分を幸せにすることに遣いたいと思うようになるのです。

お金とは単なる交換の〝道具〟ではなく、〝意味〟があります。苦労して得たお金は大事に遣いたいし、「あぶく銭は身につかない」というように、浪費しがちです。

支払うお金を、時間や労力に換算する習慣は、欲しがらない習慣にもなるのです。

むやみに欲しがらないことで、ほんとうに大切なことのために時間を使えます

7

「最低限、これだけあれば暮らせる」という金額を心の片隅にもっておく

ウルグアイのムヒカ元大統領とルシア夫人に教えてもらったことのひとつは、「必要最低限のお金」と、やりたいことができる健康状態、信頼できる人間関係があれば、じゅうぶん幸せに生きていけるということでした。「もっと欲しい。あれがなきゃ嫌」と欲しがってばかりでは、一生満足できず、将来のことも不安でいっぱい。

「必要最低限のお金」があれば生きていけると考えれば、不安は小さくなるのです。

「お金のことが不安」と言っている人のほとんどは、先のことをぼんやり心配しているだけで、具体的な対策を立てていないものです。

「最低限、月○○円あれば暮らせる」と、現実的に必要最低限レベルの生活をシミュレーションしてみると、なんとかなるような気がしてくるはずです。

「必要最小限のお金」といっても人によって違いがあるもの。友人のなかには「最低、

月50万円ないと暮らせない」という人もいれば、「年収100万円だけど、なんとかなっている」という人もいます。後者の友人は、親の残した家にひとりで住んでいて、あまりお金を遣わないライフスタイル。読書や家庭菜園、保存食づくりなど好きなことして、ゆたかに暮らしているのです。

「必要最低限のお金」のハードルが高い人ほど不安になるのは当然。ハードルが低い人ほど、生活の目途が立ちやすく、やりたいことをやれる展望も開けてくるでしょう。

「いまはなにかと支出が多くても、いざとなれば毎月○○円で暮らせる」という金額をわかっているだけで、気持ちは軽くなります。

収入と支出の具体的な見通しを立てたり、最終手段を考えたりしておくことで、焦らず、いまに集中できるのです。

「必要最低限の金額」を心の片隅にもって「なんとかなる！」と進んでいきましょう。

「もっと欲しい」を手放し、「あるものでじゅうぶん」なら、生きることは楽勝

8

買い物も遊びも「今日の予算」を決めて出かける

お金の遣い方がうまい人の特徴のひとつは、〝予算〟を決めていることです。

たとえば、服を買いに行くときは「今日の予算は1万円以内にしておこう」、休日、遊びに行くときは「交通費と外食費、お土産代で予算は5千円」というように前もって〝枠〟を決めるので、支出を適切に抑えることができるのです。

予算オーバーしても「外食が意外に高かったから、来週はおとなしく自炊しよう」など調整することができます。

お金の遣い方が下手な人は、計画性がなく予算も決めないので、なにに遣ったのかハッキリわからないまま、「給料日前はいつもピンチ」「お金がまったく貯まらない」といった事態に陥ってしまいがちです。なににどのくらい遣いすぎたのかが明確でないから、どの部分を節約すればいいのか対策も打てません。

お金の遣い方がうまい人は、毎月の予算もざっくりと「収入は○○円」「家賃や年金など固定費はトータル○○円」「光熱費は○○円」「食費は○○円」「交際費は○○円」「全支出は○○円」など予算を決めているもの。だから、お金の流れを把握して、水道の蛇口を開けたり閉めたりするように調整できるわけです。

予算通りにきっちりと実行しなくてもOK。一円単位まできっちりと家計簿をつけて、「お金が足りない」「余っている」と一喜一憂する必要もありません。

ただ、大まかな予算の〝枠〟を決めるだけで、「エアコンは小まめに消そう」「ランチのつき合いはほどほどに」とコントロールできる部分を意識するようになります。

お金の遣い方に自信のない人は、最初は、財布に1週間分の小遣いを入れる、ICカードに食費分だけチャージするなど〝予算枠〟を設けて、管理しやすいマイルールをつくるといいでしょう。

予算から大きく外れないことは、自分への信頼になります

9

「欲しいものリスト」をつくってから、買い物に行く

お金の不安をなくすための、究極の方法は「買わない習慣」を身につけること。そのひとつが「必要なものが出てきてから買い物に行く習慣」です。

そもそも「買う行動」も単なる習慣なのです。私たちは子どものころから消費活動があたりまえになっているので、給料やボーナスが入ると、ごく自然に新しい服を買ったり、週末はレジャー代わりにショッピングモールをうろついて、目についたかわいい雑貨を買ったりします。

しかも、テレビやネット、街中の広告は「これは買わなきゃ！」と消費をあおってくるので、ついつい乗せられてしまう。そうならないように、日々の買い物も、いつか買いたい物も「欲しいものリスト」を作って、必要になってから買いに行くのです。

たとえば、食料品であれば、必要性を感じた都度、「卵、トマト、納豆……」とメモしてまとめて買いに行くと、衝動買いを防げます。

服も日々コーディネートするなかで「なんにでも合わせられる白いパンツが欲しい」など求めるものが明確になってから、買いに行くようにすると失敗がありません。

「必要なものが出てきてから買い物をする」という習慣を身につけると、買い物自体減り、家にあるものもシンプルに整理されて「量より質」を求めるようになります。

少々大物の「いつか欲しいものリスト」も手帳などに書いておくといいでしょう。

私は「スーツケース」を約1年書いていたのですが、あれこれ吟味して「これだ！」という商品を見つけて、お金の目途を立てて……とその過程が楽しく、手に入れたときの喜びはひとしお。一生大事に使いたいと思うほどでした。

習慣は変えることができます。私も「買う習慣」から「(必要なもの以外) 買わない習慣」にシフトしたひとり。そんな習慣は心を穏やかにしてくれると実感するのです。

お金がなくなる根本原因は、「物を買いすぎる習慣」によるものです

10

「お金を遣わなくても目的を叶える方法」を考える

前述した大家さんは私の家賃を「困ってないから、要らないわ」と気前よく免除してくれた一方で、自分でも徹底してお金を遣わない人でした。

私が離れの家に転がり込むと、廃品回収のゴミ捨て場から卓袱台、座椅子、三段ボックス、母屋の倉庫から鍋やヤカン、皿などあれこれ調達してくれました。

つまり、家も家具も生活用品もタダ。当時の私はフリーライターになろうともがいていて、経済的な余裕がない時期だったので、どれだけ助かったことか。

何年も大家さんと一緒に「買わない生活」をしていたので、私は欲しいもの、やりたいことがあるとき、「買う以外の解決方法はないか？」と考えるクセがつきました。

だから、お金がなくても知恵を絞って人と会ったり、新しい経験をしたりなにかを学んだりしようと動いているうちに、幸運な道が開けてきたのかもしれません。

友人にも「買わなくても目的を叶える方法」を実践している人たちがいます。

＊ヨガマットはタオルケット、ダンベルは水入りのペットボトルで代用
＊おもてなし料理は、わざわざ材料を買わず家にあるものだけで作る
＊英会話の習得のため、外国人の友人を複数人つくってマメに連絡
＊ＩＴ関連セミナーの受付と集客をする代わりに、タダで受講させてもらう

これらは、ただ節約のためではなく、「買う以外の解決方法もある」という生き抜く力になっていくはず。大抵のものやサービスはお金で買える時代、お金を遣わない方法を探るだけでも選択の幅が広がり、お金の不安も小さくなっていくのです。

ただし、すべてが「タダだからいい」というわけではありません。身銭を切ることで得られるものや機会もあり、大事に活用することにつながるので使い分けて。

目的地はひとつ、そこにいく道筋は無限にあります

11

友人知人に頼むこと、プロに頼むことを線引きする

私は「ちょっと教えて」「ちょっと聞いて」「ちょっと助けて」といった小さなことはどんどん友人知人を頼ります。そんな人間関係はとても心強く、経済的なリスクもカバーしてくれます。しかし、時間も手間もかかるものは、友人ではなく、お金を払ってプロにお願いします。

知り合いにタダでやってもらうと、お礼にご馳走したり、トラブルがあっても文句を言えなかったりして、お金だけでは測れないリスクがあるわけです。

田舎暮らしをしていたとき、集落の高齢者たちは病院の送迎や買い物などいつも助け合う関係でしたが、草取りや粗大ゴミの処分など大仕事はプロに任せていました。「頼めばだれかやってくれるだろうけど、甘えすぎは関係が悪くなる元。草取りは業者に頼むと、何千円かで完ぺきにやってくれるから安いものよ」などと言って。

つまり、甘えられる頼みごと、甘えてはいけない頼みごとの見極めが大事なのです。頼めるのは、相手が無理をせず、喜んでやってくれる範囲内、お互いに断ったり注文をつけたりできる信頼関係が必要でしょう。

また、プロの友人に頼むときも「友だちだからちょっとお願い」「友だちだから特別料金で」ではなく、友だちだからこそ、相手に敬意を表してきちんと払うべきです。

うまく頼ると、親しい間柄になれますし、図々しくなると大事な友人をなくします。その線引きができている人同士は、気軽に声をかけ合える関係になれます。本来、人はだれかのためになることで幸せを感じる生き物ですから。

目先の小さなお金よりも、人間関係を優先したほうが、長期にわたって助け合える関係ができて、結果的に大きな恩恵があるのです。

頼るときは相手の都合を優先し、頼られたら喜んでできる範囲で応えましょう

12

詳しくない買い物や契約ごとは、複数の意見を聞く

お金を引き寄せる人は、メニューを直感で選び、買い物も即断即決するもの。それは、直感のパワーをよく理解しているのと、「買う・買わない」の判断基準が明確なこと、「時は金なり」であれこれ迷っている時間を惜しみ、パッと決断して行動に移す習慣が身についているからでしょう。

ただし、そんな人たちも、自分の知識不足だったり、不明点や疑問点があったりする買い物や契約ごとは、まわりに意見を求めます。

ある有能な経営者がこんなことを言っていました。

「車を買うときは、信頼するメーカーだから即決した。でも、キャンプ用のテントを買うときは、詳しい人や実際に使っている人に聞いたりして時間をかけたよ」

どんな人でも、わからない分野はあるもの。その道に明るい人の話を聞くと「なるほど、そこに注意すべきか」「ほかにも選択肢はある」など自分の無知に気づくはず。

極端な話ですが、詐欺や怪しいビジネスに引っかかってしまうのも、自分ひとりで即決してしまうから。ひと言、だれかに話すだけで危険を回避できるのです。

私は「自分が知らないことは山ほどある」と自覚しているので、スポーツ用品や家電の買い物、保険の契約など、わからないことは複数人に聞いてみます。

自分でもある程度、調べて、最終的には自分で納得して決断することがポイント。決定はあくまでも自己責任なので、自分に軸足を置いて、流されないことが大事です。

また、利害関係のある相手の意見は偏っていたり、ネットの口コミ、インフルエンサーなどのおすすめは企業がやらせていたりすることもあるので、そこは差し引いて。

なんでも自分で決める立場、習慣の人は自由な分、ひとりで突っ走って失敗する可能性も高くなります。心配があれば意見を聞く習慣は、身を守ってくれるのです。

まわりに「ちょっと教えて」と聞く習慣は、助け合う関係をつくります

13

一日一回、お財布をすっきりと整理する

お財布のなかをきれいに整理するのは、お金を大事にするために必須の習慣といっていいでしょう。

お財布がレシートやクレジットカード、ポイントカード、割引券、会員証などでパンパンに膨らんでいる状態だと、ごちゃごちゃしたなかにお金が埋もれて、いくら入っているのかすぐに把握することができません。

お金に縁がある人のお財布は例外なく、すっきり片づいています。

お札の向きが同じで、コインもざっくり分けて入れているので、いくら入っているか一目瞭然。カードもたくさんもたずに1、2枚に集約。ポイントカードや会員証も、頻繁に使うものだけに限っています。

滅多に使わないカードを多くもっても、期限が過ぎていたり、出すのを忘れたりと

管理ができず、有効に活用できないでしょう。

お財布をすっきり〝見える化〟することで、お金の出入りに意識が向き、自然に浪費を防げるのです。また、お財布がスリムなだけで、支払いもスマートな印象になり、店員さんやまわりへの印象もいいはずです。

お財布のきれいさをキープするためには、買い物でお財布を出すたびに整理する、帰宅してバッグの中身を出すときに整理するなど、〝どんなとき〟にやるかを決めましょう。たった1分もかからない習慣で、頭も整理されて、心の余裕も生まれます。

財布は「お金の家」という言い方をする人もいます。きれいな家で過ごしてもらおうとする心がけが、お金に対する敬意になって丁寧に扱い、お金からも好かれて、どんどん集まってくる……という循環を生むのです。

財布を見れば、お金に縁がある人かどうかは一目瞭然です

14

クレジットカードの利用明細を月1回以上はチェックする

いまやクレジットカードや交通系ＩＣカード、スマートフォンを用いた電子マネーなどキャッシュレス決済が主流になりつつあり、「最近、お財布を出すことがない」なんて人も増えてきました。

家賃やスマホ代、通勤・出張費などをクレジットカードで払っている人は、還元されるポイントも大きいので、年1回の旅行費用などに充てていることもあるでしょう。

しかし、クレジットカードや電子マネーは便利でお得な反面、貨幣を見るわけではないので、お金が出ていく実感がわきにくく、お金の流れも見えにくいもの。気をつけなければ、「いつの間にか残高不足になっていた」「先のボーナスに手をつけてしまった」という事態に陥ることもあります。

浪費を防ぐために大切なことは「管理能力」。お金を手渡す重みがない分、入ってくる金額、遣った金額を〝数字〟で把握することが大事です。スマホのアプリやパソコンで、毎月1回以上、利用明細をチェックすることを習慣づけましょう。

なににいくら遣っているか、ムダな買い物はしていないかチェック。「ちょっと買い物をしすぎたかな」と不安になったら、その都度、〝数字〟で確認するクセをつければ、自然に「今月は○○円以内に抑えよう」などと意識するようになります。

散財しやすいタイプの人は、支払いのたびにスマホに通知が来るように設定する、利用限度額を引き下げる、分割払いやリボ払いはしないなど、自分の使いやすい管理方法で、お金の流れを〝見える化〟するといいでしょう。

キャッシュレスの管理に慣れれば、予算枠を決めたり、家計簿代わりにしたり、特典を利用できたりして、とても便利。経済感覚を磨くことにもつながるはずです。

カードで失敗しない基本ルールは「遣っていい額（＝予算）」を決めることです

15

出ていくお金に心で「ありがとう」と唱える

なにかを買ったり、公共料金を支払ったりするとき、「あ～、またお金がなくなる」なんて心のなかでつぶやき、残念な気持ちになっていませんか？

それでは、お金に対してネガティブな印象がついてまわり、「なくなる、なくなる～」と呪いをかけているようなものです。

でも、ほんとうはお金と引き換えに、喜びや楽しさ、安心など、私たちはなにかを受け取っています。支払えるお金があるからこそ、それを享受できているわけです。

財布からお金が出ていくときやカードで支払うときに、心のなかでお金に「ありがとう！」とお礼を言うことを習慣にしませんか。

すると、お金が入ってくるときも、出ていくときもゆたかな気持ちになれます。

「お金は天下の回り物」というように、お金はとどまっているのではなく、つねに世の中を巡っています。いまはお金がなくてもいつか手に入ったり、いま支払ったお金で自分もだれかも幸せになったりするのです。大切なのは、「お金は喜びを与えてくれるもの」として敬意をもち、感謝して扱うことです。

だから「私はお金に縁がない」とお金を遠ざけたり、「お金なんてなくてもいい」なんてお金に失礼なことを言ったりすると、お金からも嫌われてしまうでしょう。

お金の遣い方も稼ぎ方も、お金にどんな印象をもっているかが表れます。お金を信頼している人は、お金の持ち味を生かして、いいおつき合いができるのです。

支払いをするときに「ありがとう」と唱える習慣は、もうひとつ恩恵があります。「いい買い物ができた」というときは、気持ちよく感謝できるけれど、衝動買いや無駄遣いをしそうになるときは素直に「ありがとう」が言えず、ストップがかかります。「ほんとうにいい買い物？」と自分に問い直すチェック機能にもなるのです。

お金は信頼できる友人。互いに成長できるつき合いをしましょう

CHAPTER 2

自分の価値をどんどん高めていく稼ぎ方の習慣

16

「楽な仕事」より「楽しそうな仕事」を選ぶ

お金の不安があるかは、「仕事を楽しむ習慣」があるかどうかの違いが大きいのです。「楽で高収入の仕事がいい」などと仕事を選んでいる人は、そもそも「仕事はつらいもの」と思っているのかもしれません。面倒なことは嫌で、楽なことばかりやろうとするので、自分の能力や才能を伸ばせず、収入は横ばい。「早く帰りたい」「定年まで働きたくない」とモチベーションも低く、ストレスもたまりがちです。

仕事や人間関係のトラブルがあると、もちこたえることができないでしょう。

お金の不安をもつ大きな要因は、働きたくない、または求める仕事がないことです。

一方、「その仕事、面白そう」「それはワクワクする仕事だ」と選んでいる人は、仕事が苦にならないもの。新しい挑戦をすることや、人を喜ばせることを楽しんでいて、意志や努力や根性に頼らず、自然に成長できるし、続けていくこともできます。

お金の不安がない稼ぎ方とは、安定したものにしがみつくことではありません。

そのときどきで役割を見つけ、仕事を楽しみながら続けていくことです。

そして、仕事を楽しむための方法は二つ。ひとつは、楽しそうな仕事を選ぶこと。もうひとつは、いまやっている仕事を楽しむことです。


転職や副業、昇進、担当決めなど、仕事を選ぶときは、「楽な仕事」より「楽しそうな仕事」を選びましょう。仕事を選べない場合は、「楽しめる工夫」をしましょう。

どんな仕事でも、楽しめる要素はあるもの。「ワクワクする目標をつくる」「丁寧にやって完成度を高める」「人が喜んでくれることを、やりがいにする」など、夢中で真剣になるほど、仕事は楽しくなっていきます。

人生の大半を仕事に費やすのですから、私たちはできる限り仕事を積極的で楽しいものにする責任があるのです。


仕事を楽しむためには、楽しそうな仕事を選ぶか、やっている仕事を楽しむ

17

「人が喜んでくれること」を「自分のやりたいこと」にする

世の中には、〝稼ぎ力〟がある人と、〝稼ぎ力〟がない人がいるのは事実。〝稼ぎ力〟は才能に恵まれているとか、いい会社にいるといったことではありません。

〝稼ぎ力〟のある人にもっとも特徴的なのは、前項で書いたように、仕事を積極的に楽しむ習慣、そして、「人が喜んでくれること」を喜んでやる習慣です。

たとえば、仕事でもプライベートでも、困っている人がいたら「それ、やりますよ」と声をかける。会社のなかでは人が嫌がってやらない仕事を率先してやるなど、まるで電車で席を譲るように気負いなく、人の役に立とうとする習慣があるのです。

稼ぎ力のない人は「なにかいい仕事ないかな」とつねに〝受け身〟の姿勢。「面倒な仕事はしたくない」などと選り好みもするから、人に喜ばれる機会も少ないのです。

誤解を恐れずに書くと、稼ぐことは〝喜ばせごっこ〟のようなもの。人を喜ばせるほど、報酬も大きくなります。そのままお金にならなくても、立場が強くなったり、サポートが得られたり、いい評判になったり、つぎの仕事につながったりします。

この「つぎの仕事」こそ、働くことの真の報酬。自営業であれば、リピート客が増えたり、新規の客ができたり。会社員なら新しい仕事を任されたり、引き上げてもらったりして、自分も成長していけるのです。

人は、だれかに喜んでもらうことが、いちばん嬉しいもの。人間の本能的な喜びであり、意欲ややりがい、日々の満足にもなります。

「人が喜んでくれること」を自分のやりたいことにする習慣のある人は、どの年代でも、どんな場所でも〝居場所〟ができて生きていけるのです。

「やりたいこと」より「やれること」を見つけたほうが、稼ぐ力になります

18

相手の期待を1%でも超える

お金を稼いでいく人というのは、顧客や上司などの「期待に応えること」ではなく、「期待を超えること」を習慣としているものです。

大抵の仕事は、頼まれた仕事を期待通りにやって、あたりまえという評価。ミスや不足があると「なんでできないんだ」とガッカリされます。

しかし、相手の期待を1%でも超えると、「すごい！　思った以上の出来栄え！」「ここまでやってくれるなんて、さすが！」と感動を与えるのです。期待値に対する99%と101%の仕事の差はわずかでも、評価は天と地ほどの差があります。

期待を超える1%は、簡単なことでいいのです。たとえば、資料作成を頼まれたら、3日後の期限でも今日中に終わらせてしまう、前例に倣うだけでなく、重要ポイントを見やすくする、最新のデータに更新する……というように。

もし、あなたが社長で、新しく入ったアルバイトがいつも期待を上回る仕事をしてくれたら、「時給を少し上げてあげよう」「社員として雇いたい」などと思うでしょう。

そんなふうに、期待を超え続ける人たちは、自然に報酬も高くなっていくのです。

彼らはもともと能力が備わっていたわけではありません。「もっとよりよくできるはず」と相手のために知恵を絞って試行錯誤する習慣があるから、自然に能力がつき、感動を与えられる仕事ができるようになるわけです。

期待を超えていくには、相手やまわりをよく観察して、「なにをどの程度、求められているのか」と期待を読むことが大事。ひとりよがりで仕事を進めると、「そんなことは求めていない」「そこまでしなくていい」となりますから。

相手の立場から仕事を考えられる人は、どこに行っても必要とされるのです。

人の期待をいい意味で裏切り続けるのが、〝プロフェッショナル〟というものです

19 「人がほめてくれるポイント」で貢献する

稼ぎ力のある人は、なんらかの〝才能〟を発揮している人。自分の強みを生かして、まわりに貢献している人といえるでしょう。

しかし、〝才能〟といっても、自分ではよくわからないもの。多くの人は「自分には才能なんてない」「才能のある人はいいなぁ」と思っているのではないでしょうか。

そして、自分の長所よりも欠点、得意なことより苦手なことに目が向いて、マイナス点を克服しようとがんばっているものです。

努力をすることはすばらしいことですが、せっかく努力するなら、苦手な点を克服するより、得意な点をさらに伸ばしたほうが成長も大きく、評価もされるはずです。

稼ぐための〝武器〟は、いつも近く見ているだれかが教えてくれます。

じつは、いまは本を書いている私も、30代半ばまで文章を書くのは大の苦手と思っていました。国語の成績も悪くて、作文も手紙も苦痛でたまらなかったほど。

それが、カメラマンをやっていたことから新聞社に就職し、フリー情報誌の記事やエッセイを書くようになると、まわりから「エッセイが面白い！」「だれにもない視点だね」などとほめられるようになりました。それで、調子に乗って、上京してフリーライターになり、導かれるような流れで本を書く作家になっていったのです。

「それ、いいね」とほめられることで貢献していると、苦手な点は気にならなくなってきます。まわりからも一目置かれて、ダメなことは大目に見てもらえるのです。

自分の強みがわからないなら、近しい人に「私ってどんな人？」「長所は？」「役立つところは？」などと聞いてみるといいでしょう。仕事のスキルだけでなく、聞き上手、ユーモア、世話好きといった人間的な魅力も武器になります。

ほめられる点を大事に伸ばす習慣は、生涯にわたって自分を支えてくれるはずです。

自分の気づいていない〝才能〟が、他人には見えています

20 稼ぐために「あの人みたいになりたい」という見本をもつ

「あの人みたいになりたい！」。そう思える人を心にもつ習慣は、自分を動かす活力になり、成長するスピードを飛躍的に高めて、〝稼ぎ力〟も変わってくるのです。

どんな仕事でも、見本にしたい人は出てくるもの。シングルマザーのある友人は起業するとき、「あんな社長になりたい！」と憧れる人が見つかるたびに、会いに行っていたとか。講演会やセミナー、ときには紹介者を通して会食することも……。

そして、理想とする人が日ごろやっている習慣、仕事のやり方、人との接し方などをまねることで10年で年商数十億、社員を30人ほど抱えるほどに成長させたのです。

私も作家デビューをした直後に、憧れの作家に、人脈を手繰り寄せて会いに行きました。その先生の書斎に著書２００冊が並んでいる光景を見たとき、強烈に「こんなふうに書き続ける作家になりたい！」と思ったのです。

理想となる人は何年経っても背中を押してくれるし、むずかしい問題に突き当たったら「あの人ならどうするか?」と考えることで解決のヒントを授けてくれます。同じようにできなくても、自分に合った最善策を見つけるきっかけになります。

成長できない人は、理想の人がいても「あの人と自分は違う」「あの人は恵まれているから」と切り離して考えがちです。成長できる人は、「もしかしたら私にもできるかもしれない」と考える習慣があるのです。

学ぶことは、〝まねること〟から。なにかを学ぶときにモデルがいると、ほんとうに学びやすい。自分のビジョンが見えて、それに向かって進むことで不安も吹き飛びます。

仕事だけではなく、生き方でも「50歳からスペイン語を習得した人」「移住を成功させた人」「体力気力をもち続けている人」など、理想とする人をお手本にして、自分にはなかった視点やノウハウを学んでいきましょう。

理想へのいちばんの近道は、「理想の人」をもつことです

21

「みんながやっているから」ではなく、「だれもやっていないから」やる

多くの人は就職のとき、会社で仕事を進めるとき、新しいビジネスを始めようとするときなど「みんながやっているから」と動きます。

しかし、仕事で成功している人の多くは、あえて「だれもやっていないから」と別の道を行こうとします。世間の行動を観察して、だれも行かない道のほうが〝希少価値〟が高まり、いずれ〝需要〟も高まるとわかっているからです。

私は戦略を立てていたわけではありませんが、幼いころから「人がやらないこと」を意識的に選んでいました。趣味も部活動も、みんながやりたがるものではなく、あえて人が少ないものを選んでいたのは、単純に競争や比較が苦手だったから。人が少ない場所は、大勢のなかに埋もれず、一目置いてもらえると実感していたからです。

大人になり転職するたびにやっていたのは、クレーム処理や議事録作成など「だれ

でもできるけど、だれもやりたがらない仕事」。すると、能力がなくても感謝される。カメラマンのときも、あえて時代に逆行してモノクロ写真を手焼きしていたら、人と違うだけで差別化を図れて、仕事の単価を上げていけたのです。

「みんなと同じこと」をやっても単価は同じ。いちばんの近道は「だれもやっていないこと」を切り口に、自分の持ち味を掛け合わせた希少価値をつくることです。

たとえば、社内でだれも取っていない資格を取る、同年代でだれもやっていないことを学ぶ、地域でだれもやっていない商売をするなど、需要があるかを確認しながら。

能力があるというだけで、自分の付加価値が高まるわけではありません。価値を決める要素は「希少性」と「必要性」。それを意識して、だれもやっていないことをやろうとする習慣は、5年後、10年後、大きな実を結ぶはずです。

「人と違うこと」で「求められること」にチャンスは潜んでいます

22

〝ソロ〟でどうやって稼ぐか、つねに考えている

将来の不安があるかどうかは、自分で稼いだ経験があるかによるところが大きいのではないかと思います。ここでいう「自分で稼ぐ」とは、組織に雇われることではなく、〝ソロ〟で商売をすること。それがないと、「会社を辞めたら、セカンドチャンスがない」「定年退職したらどこも雇ってくれない」など不安になりやすいはずです。

会社に雇われてボーナスも退職金もある働き方が主流になったのは、戦後のこと。半世紀ほど前は、農業や個人商店、行商なども多く、個人間のお金のやり取りがあたりまえ。いまも発展途上国の観光地に行くと、子どもでも物売りや荷物運び、車の窓磨きなど商売をしているし、私の通っていた台湾の大学の学生たちも、株や外貨取引、屋台経営などお金儲けをあれこれ試していました。

そんな〝ソロ〟で稼ぐ習慣のある人たちは、仕事がなくなってもさほど不安にならず、なにかしら別の食い扶持を見つけて生きていけるものです。

かくいう私も、30代前半で長く務めた会社を辞めたときは、「来月から定期収入が入ってこない」と考えると、恐ろしくて、夜、不安で目覚めることもありました。

半年ほど着付け教室に通って、お客様に着付け代5千円を現金でいただいたとき、初めて「もしかしたら、雇われなくても生きていけるのではないか」と実感。それから「自分はどんな商売ができるか?」と〝ソロ〟で稼ぐ方法をつねに考えるクセができ、カメラマン、ライター、講師などフリーランスで生きてきました。

雇われない状態に慣れてくれば、これほど自由で心地いい働き方はないと思うほど。数千円でも〝ソロ〟で稼いでみると、少し自信が出てきます。現代はインターネットのスキルマーケット、SNSでの集客、商品販売などさまざまな手法があるので、副業などから小さく試して「自分のできること」を広げていこうではありませんか。

会社に雇われなくてもできる「小さな商売」をひとつ以上考えてみましょう

23

やったことがない仕事を頼まれたら、迷わずやる

稼ぎ力がどんどん高まっていく人は、「この仕事、やってみる？」と声をかけられたら、やったことがないこと、むずかしそうなことでも、迷わずやります。

新しいことに挑戦することで、自分も成長していけるとわかっているからです。

しかし、多くの人は声をかけられても「やったことがないので、できません」「私には力不足でムリです」と、最初からやろうとしません。

ほんとうは「やれない」のではなく、「やりたくない」から。変化を「いまより状況が悪くなる」とネガティブにとらえていて、不安なのでしょう。

しかし、〝ぬるま湯〟のなかにいても、お湯はだんだん冷めて、数年後には心地悪くなってくるはず。まわりは変化していくのですから、自分も変化していかなければ。

仕事の場は、働くと同時にいちばんの学びの場でもあります。仕事をしていれば

「自分はなにが足りないのか」「なにを学ぶ必要があるのか」がわかり、試行錯誤しながら成長していけます。

稼ぎ力を自然に高めている人たちは「HP作成を頼まれて未経験ながらやっているうち、動画作成までできるようになった」「韓国語はできなかったが、韓国人と仕事をするうち、必要に迫られてできるようになった」「雇われ社長を任されて、予算管理から広報、人間関係まで学んだ」など、そのチャンスを生かしているのです。

成長する人は「仕事をしながら学ぶ」と考えますが、成長できない人は「学んでから仕事をする」と考えます。だから、「まずは学校に行かなきゃ」「資格を取らなきゃ」などお金と時間を使って、徒労に終わることもあります。

そんな時間があるなら、目の前の仕事に十分なエネルギーを注いで、「別の仕事もやってみる？」と声をかけられる人になったほうが、ずっと成長できるのです。

目の前の仕事を丁寧にやれば、見ている人はいて、つぎのステージが用意されます

24

「報連相（報告・連絡・相談）も仕事のうち」と欠かさない

かつて雑誌のフリーライターをしていたとき、長い間、第一線で活躍してきた大先輩からこうアドバイスを受けました。

「クライアントへの連絡を2週間と空けないことが大事。用事がなくても、用事をつくってマメに連絡する。すると、なにかと仕事やチャンスが舞い込んでくるから」

近い距離感を保っていると、相手も声をかけやすいもの。なにより連絡は単なる情報の共有ではなく、好意や敬意を示す手段になるのです。同じレベルの仕事相手が二人いたら、自分にマメに連絡をしてくれる人に頼もうとするのが人情でしょう。

組織のなかでも、上司が「あの仕事、どうなっているんだ」と言う前に、「いまのところ順調です」と報告してくれたり、「ちょっと迷っていることがあるんですけど」と相談してくれたりする部下であれば、だれもが安心するもの。報連相は、人間関係の風通しをよくするものでもあるのです。

ブライダル関連のある社長は、管理職からパートまですべて同じ情報を共有。収支報告や会議の決定、クレームなど組織を透明化することで、だれもが「自分ごと」として意欲的に取り組み、互いに助け合うようになり、5年間、離職はほぼないとか。どんな立場、関係性でも「自分は知らなかった」「自分は関係ない」と感じることから、亀裂が入っていくのです。「報連相」のよさは、話題がなくても話せること。マメに話すことで、気持ちはどうあれ、相手を大事にしている〝フリ〃ができること。

最初はフリでも、関係性がよくなると、ほんとうに大事な人になっていきます。

稼ぎ力には能力だけでなく、親近感や安心感といった相手に与える印象が影響しているとわかれば、「報連相も仕事のうち」とマメにできるのではないでしょうか。

ただし、人間関係が中心になっては、本末転倒。ストレスにならない程度に。

基本的に経済は感情で動くもの。
理屈は人を納得させるための後づけです

25
「目先の利益」より「信頼されること」を優先する

長きにわたってお金を稼いでいく人は、「目先の利益」よりも、「信頼されること」を優先します。たとえば、営業で相手が迷っていたら、相手の気持ちを尊重して無理に買わせないので、一時的には損をしても「この人は信頼できる！」と思われます。信頼を得られて「またこの人にお願いしたい」「この人からものを買いたい」などと思ってもらえれば、自然に応援者や協力者ができて、お金もついてくるのです。

一方、「目先の利益」を得ようとする人は、自分が利益を出すために強引に進める、人を蹴落とす、欠点をごまかす、ズルいことをする、人によって態度を変えるなど一気に信頼を損ねて、仕事も先細りになるのです。

〝信頼〟がお金に換わるまでは、時間がかかるものですが、「みんなが認める信頼」として値がついたら、莫大な利益に換わることがあります。

大手製薬会社のヘルプデスクとして派遣社員で入社した友人は、10年ほどで数万人いるグループ企業の役員まで駆け上がりました。彼が心がけていたことは、とてもシンプル。求められたら、すぐに行って解決するまでやり切ることでした。

ほかのヘルプデスクが「終業時間なので明日やります」「3日はかかりそうです」と自分の都合で動くなか、相手の期待を超え続ける彼の仕事ぶりは評価されて、大きな仕事も任されるように。いまや大企業数社の相談役を任されているのは、「彼に頼んだら、なんとかしてくれる」という信頼にほかならないでしょう。

矛盾するようですが、利益を得ようと思うなら、利益のことはあまり考えず、よりよい仕事をするために専念すること。自分が得ることよりも、相手に満足してもらうことを先に考えたほうが、最善で最短の道なのです。

ビジネスとは「信頼が先、利益は後」が基本です

CHAPTER

3

お金をふやす
仕組みをつくる
貯め方、
投資の習慣

26

必要な貯金額を決めて、毎月「先取り貯金」する

お金の不安がある人にその理由を尋ねると、「貯金がないから」と答える人が少なくありません。

「では、なんのためにいくら必要か?」と聞くと、あまり具体的に考えていないもの。貯金が2000万円あっても「なにかあったら、すぐ足りなくなりそう」という人もいるし、ほとんどなくても「なんとか生きていけるはず」と気楽にしている人も……。

「なんとなく不安」の正体は、貯蓄がないことではなく、「先になにがあるかわからないから不安」という〝リスク〟に対する不安ではないでしょうか。ならば、具体的に貯蓄の目的と最低限必要な金額をリストアップしてみましょう。

失業や病気などのリスクに対しては、保険や年金、社会保障など、ある程度はまかなえるものもあります。「マンション購入費用」「子どもの学費」「車の購入費」などライフイベントでまとまった金額が必要な場合も、予測して計画的に準備していくこと

で、心の余裕をもてるはず。

貯金は給与が振り込まれたらすぐ、自動的に定期預金や別口座に移す「先取り貯金」が基本。天引きにすると、自由に遣える額も定まって調整できます。

お金が入ってきたら、なんとなく遣って、余ったお金で貯金しようとするから、いつまでも貯金がふえないのです。

また、生きていくために、「貯める」より「ふやす」という発想をおすすめします。

ただ節約して貯金するだけでなく、いまある資産を遣ってお金をふやしていくのです。

株式や投資信託、不動産投資といったものもありますが、先のリスクやライフイベントに備えて〝稼げる手段〟を別にもっておくことも、リスク回避になります。

どんな状況でも「なんとかなる」と選択肢を見つけていこうではありませんか。

「なんとなく不安」は、紙に書き出して整理することで、小さくなります

27

〝臨時出費〟を洗い出して、確保しておく

「節約しているのに、いつもお金が足りなくなる」「ある程度、貯めてもまた出ていく」など、貯金ができない人の原因のひとつが、「臨時出費」を確保していないこと。「臨時出費」とは、「親戚への出産祝い」など、イレギュラーに必要となる支出。足りないと本来、嬉しいはずの買い物や祝いごとも気持ちよく出せないこともあります。

ここで、〝支出〟の内容を3つに分けて、整理してみましょう。

＊「固定費」……家賃、住宅ローン返済、保険料、通信費、お稽古事、月会費など
＊「変動費」……食費、交際費、日用雑貨品、衣服費、レジャー費、タクシー代など
＊「臨時出費」……お祝い・香典、車検代、家や車の修理代、年払いの税金など

「固定費」は決まって出ていくお金。貯金をしようとするなら、ときどき見直すことで〝オート節約〟になり、効果も大きいでしょう。

「変動費」は、毎月支出はあるが、変動するお金。ガマンをして節約するのではなく、

知恵と工夫で楽しみながらムダを省くことが、節約を続けていくコツです。

カギとなるのが「臨時出費」の考え方です。多くの人は「臨時出費」を月の家計のなかで支払っているから、「今月はお金が足りない！」ということに。賢くやりくりができる人は、「臨時出費」も想定内。月の家計とは切り離して確保しているのです。

起こりそうな出費を洗い出して、少し余裕をもたせた額を確保しておくと、いざというとき、慌てることもありません。預貯金、もしくはボーナスなどから工面して、一定額もっているだけで、日ごろの不安も軽減されるでしょう。

私は上京して経済的に余裕がなかったときも、「高齢の親になにかあったとき、すぐに飛行機で駆け付けられるように」と10万円だけは手をつけずにいました。万が一のお金を確保することも、自分の人生への責任だと思うのです。

イレギュラーな支出は、月の家計とは分けて管理しましょう

28

お金をふやすために自分なりの方法を見つける

手持ちのお金をふやしていく方法は、シンプルに考えて二つしかありません。「出ていくお金を減らすこと」と「入ってくるお金をふやすこと」です。

ムダをなくして出ていくお金を減らす〝節約〟の習慣は第1章でお伝えしましたが、将来が不安なとき、多くの人は、まず節約して貯金することを考えるかもしれません。給料が会社規定などで決まっていて、さほどふえる見込みがないこともあるでしょう。

しかし、多くの人は定年後、年金だけで生きていける時代ではなくなりつつあります。昨今は物価も上がり、税金の負担も重くのしかかる状態が続いています。「貯める」だけでなく、自分で「ふやす」ことも考えて動く必要性が出てきています。

手持ちのお金をふやしていくための行動は、おもにつぎの3つです。

①節約をする（無駄遣いをしない、生活スタイルを見直すなど支出を減らす）

②投資をする（投資信託、株や金、不動産などの購入でお金に働いてもらう）
③収入をふやす（昇進、資格・技術手当、副業、転職、起業など働き方を変える）

生涯にわたってお金で困らないためには、「節約」「投資」「収入アップ」の3つのアプローチを並行して進めたり、自分なりの方法を見つけたりするといいでしょう。

夫の遺族年金で暮らしている友人は、お金を遣わない暮らしをしているので、ふえたお金で年に1回は海外旅行するほど。かつてのフリーライター仲間で、収入が不安定なために不動産投資を研究し、小さなビルを買って家賃収入を得ている人もいます。

私はいまは堅実な生活や投資の比重より、「自分にどんどん投資して働こう」というスタンス。ですが、年齢を重ねると、そのバランスは変わってくるかもしれません。

自分なりのお金をふやす方法を見つけさえすれば、将来の不安は小さくなるのです。

お金をふやすのは、リスクを減らすだけでなく、人生の楽しみをふやすためです

29

お金は「貯金」「信託」「株式」など分散して蓄える

「老後が不安だから、イデコを始めた」「貯金では利息が付かないから、スマホで投資信託をしている」なんて声が若い人からも聞こえてくるようになりました。

投資をやりたがらない人のほとんどは「元本割れするリスクが高い」「むずかしそう」「やるのが面倒」など〝食わず嫌い〟の状態。慣れるとだれにでもできるので、あまり手間のかからないものから、一度は試してみることをおすすめします。

私が投資をする基本は、「楽しめる範囲で」というもの。節約も、仕事も、投資も、楽しくないと、ストレスになり、継続できないでしょう。

「お金がふえるか」という点だけに目を向けると、株や為替の上下をチェックするたびに心が疲弊して本末転倒。お金以上のリスクがあるのです。

金融投資には、株式投資、投資信託、債券投資、外貨預金、運用型保険・年金、不動産投資、金投資など種類が多くあります。自分が興味があって、やりやすいものをいくつかに分散してやるといいでしょう。

たとえば、毎月3万円、貯蓄に回せそうなら、「定期預金」「投資信託」「金投資」など1万円ずつ振り分けるのです。ひとつに集中すると、値が下がったときのリスクが大きい。分散すると、ほかで値が上がることもあり、リスクが軽減されます。

それぞれふえ方の比較もできるので、景気の動向、金利や為替の動きなど経済を学ぶ効果もあります。また、最初から大きな儲けを期待しないこと。仕組みがわからないものには手を出さないこと。長期的に構えて一喜一憂しないことも、楽しむヒケツ。

昨今は、物価上昇で、預けるだけの貯金では、実質的な価値が目減りしていくリスクもあります。「お金に働いてもらう」という発想、大切なお金を生かすための知識や判断力〝金融リテラシー〟は最低限、身につけておく必要があるのです。

投資とは「将来の自分のために お金や時間を使うこと」を意味します

30

「お金」と「時間」を惜しみなく〝自分〟に投資する

繰り返しますが、お金をふやす、もっとも確実で効果的な方法は「節約」でも「投資」でもなく「働くこと」です。

話題になった「老後2000万円問題」も、働くことで解決できます。収入がまったくなくなれば、お金は出ていくだけ。定年後も再雇用やアルバイト、起業など、なんらかの形で働き続ければ、不足分を補えます。

万が一、働けない場合でも、年金や保険、社会保障、行政、人間関係などを駆使すれば、なんとかなる仕組みになっているのですから、不安がることはないのです。

私はこれまで本や講演で「60歳で月10万円、ソロで稼げる自分になっておこう」と提案してきました。これは若い人も同じ。つまり、「なにかいい仕事ないかな」ではなく、「なにか自分で仕事をつくろう」とする〝ソロの力〟をもつことです。

なにかを売る、作る、教える、心や体のケアをする、生活のサポートをするなど、いまの仕事の延長線上にある仕事でも、昔からやりたかった仕事でもかまいません。

1日5000円以上、20日働くことをイメージしてみるといいでしょう。

〝ソロ〟で働いた経験のない人は「私にはそんな能力はないからムリ」と言いますが、時間さえ味方につければ、だれでも可能なことなのです。

50職種以上の仕事をして実感するのは、大抵の仕事は3年やればプロ、5年もやればベテラン扱いされ、10年やり続ければ、人に教えられるレベルになるということ。

自分にできそうなことを副業や週末起業などで試してみるといいでしょう。

自然に「自分ができること・できないこと」「人から喜ばれること」がわかって伸ばしていけます。職種によっては60歳70歳からでも遅くはありません。

元気だから働くのではなく、働くから元気でいられる。働くことはただお金だけの問題ではなく、自己実現や生きがい、幸福感など計り知れない恩恵があるのです。

働けることは「最大の資産」。有効な投資をして、資産価値を高めましょう

31

よく学び、よく遊び、よく働いている

お金を稼ぎ続けている人たちは、何歳になっても習いごとをしたり、好奇心をもって学んだり、どんなに忙しくても趣味や遊びに熱中したりしている印象があります。

ひと昔前は、20歳前後まで学び、定年まで同じ会社でめいっぱい働き、老後は働かずに遊んで暮らすという「学ぶ→働く→遊ぶ」という人生が一般的でした。

しかし、現代は〝老後〟という発想がなくなる時代を迎えています。70歳まで働くとしたら、約50年間の長い仕事人生、職場も職種も変化していくのは自然な流れ。つぎのステップに移るため、満足する人生を送るためにも、「仕事」をしながら「学び」と「遊び」を同時にしていくことは欠かせないのです。

これまで会社内だけで教育・実践されていたことが、社会全体で通用するように、自分で学んでいく必要性も出てきました。自分から積極的に学ぼうとする人、まった

く学ぶ気のない人の差は、収入の格差となって広がっていくでしょう。

また、純粋に興味があることを学ぶのも大事ですが、「これを学んだら、いまの仕事に生かせる」「新しい食い扶持になる」など仕事に関連する学びをひとつはもつのがおすすめ。学んだら、すぐにアウトプットできる場もつくると、さらに効果的です。

遊びは「とにかくワクワクすることをやる！」に尽きます。定年になってから遊ぼうなんて遅すぎます。その年代、そのときの立場や興味でやりたい遊びは違うはず。忙しい人ほど、遊びの時間をもつ必要もあるのです。

仕事と人間関係のストレスでうつ気味になっていた友人は、週末に釣りやキャンプに行くようになってから、心の余裕ができてすべてがうまく回るようになったとか。

遊びのなかから新しい視点が生まれたり、問題解決を学んだり、フラットな人間関係を築けたりするもの。「学ぶ」「遊ぶ」「働く」は不可欠で、相乗効果があるのです。

仕事の余裕ができてから遊ぶのではなく、まず遊びの予定を入れましょう

32

ものより経験にお金をかける

若い女性がこんなことを言っていたことがありました。

「高いお金を出して旅行をするなんてもったいない。ブランドのバッグを買えば形として残るし、売ることもできるけど、旅行はなにも残らない」

いえいえ、むしろ逆なのです。ものの価値は、よっぽどのレアな値打ちものでない限り、買った時点からどんどん下がり、劣化や破損もするもの。一方、自分のなかに蓄えた経験は確実に残り、命あるかぎり、生かされ続けます。

稼ぎ力を高めて、かつ人生を楽しんでいる人は、ほぼ例外なく、「ものより経験にお金をかける」という習慣があります。

お金をかけなければできない経験があるのは事実。「世界遺産を見に行く」「音楽ライブを聴きに行く」など五感で味わった経験は、記憶が薄れても、知識や知恵、想像力、洞察力、行動力など、血や肉と同じように、自分を形づくっていくのです。

私は20代のころは仕事漬けになることが、より稼ぐ最短の道と思っていました。

しかし、「このままでは収入も環境もさほど変わらない」と痛感し、30代以降は収入をものや貯金より、先に経験に〝投資〟してきました。すると、自分がアップデートされるほど、収入も環境も人間関係も変わっていったのです。

たとえば「一流の仕事人に会う」「優れた作品に触れる」という経験を重ねるうちに、仕事への意欲も高まって試行錯誤するように。また、「ひとり旅」や「留学」の経験をして度胸がつき、積極的に新しい人間関係に飛び込めるようになりました。

それに、小さなことでも習慣的に新しい体験をしていると、ワクワクすることがふえて毎日が楽しくなってきます。「あれをやってよかった」という満足や自信も積み重なり、経験への投資は、〝心のゆたかさ〟というリターンにもなるのです。


自分の内面を変える投資は、収入、環境を変えていきます

33 隙間時間は読書で自己投資をする

自分を成長させるための、最大の自己投資といえるのが「読書」。

著名な経営者、スポーツ選手、研究者、アーティストなど自分を高めてきた人は、成長の段階で読書の習慣があった人が多いものです。本がどれだけ想像力を広げ、人生に勇気を与えてくれるのか実感しているのでしょう。

どんなに積極的に活動しても、自分だけで体験することには限界があります。本を読むことで、古今東西、歴史上の人物から、憧れの人までさまざまな人の生きざまや考え方を〝疑似体験〟できる。テレビやスマホが軽い〝おしゃべり〟感覚であるのに対して、本はじっくり向き合って一対一の〝話し合い〟をしている感覚で、自分のなかにインストールされるのです。

私も小説、ノンフィクション、歴史書、専門書、マンガなど乱読しますが、とくに30代のころ、人生に迷っているとき、貪るように本を読んでいました。「だれか私にどうすればいいか教えて！」と書店に行くと、自分に声をかけてくれる本に出合うのです。つらい状況にいるときも、さまざまな本に癒され、助けられてきました。

本を読む習慣を身につけるコツは、「読みたいときに、読みたい本」を読むこと。「ベストセラーになっているから読もうか」などと買って放置していてはもったいない。「この本は、いまの自分に必要だ」「○○について知りたい！」と、いまの自分からわき上がってくる欲求を満たすために読むのです。

そのため、本を読む習慣のある人は、電車の移動時間やベッドで眠りにつくまでの間、仕事が落ち着いたときなど〝隙間時間〟を使って数頁でも読むのです。

また、「この本は何度も読みたい」と〝友だち〟になる本をもつのも心強いもの。数千円の〝投資〟で、仕事や人生の質を何倍も高めてくれる効果があるのです。

本を読むことは、世界を知ると同時に、自分を知ることでもあります

34

〃商売道具〃にこだわり、大事に扱う

最高の仕事をしようと思うなら、最高の道具を使うこと。いわゆる商売道具は〃投資〃と考えて、お金を出し惜しみしないことです。

一流の料理人であれば、「最高の料理を作りたい」という思いから、使い勝手がよく、品質のいい包丁を買い求めて、日々の手入れも欠かさないでしょう。反対に、切れ味の悪い包丁を使っている料理人は、情熱がないと見て間違いありません。

ある有名野球選手が、子どもたちに「野球がうまくなるには道具を大事にすること」と繰り返していたのは有名な話。道具を作ってくれた人やまわりの人に感謝すること、準備を怠らないこと、ケガやトラブルを防ぐことなどに加えて、道具を丹念に磨くことで「もっとうまくなりたい」という思いが強まるのだとか。

道具は高ければいいということはありませんが、商売道具として仕事を生み出すなら、少々値が張っても、気に入って使いやすいものを買ったほうがいい。たとえばパソコンでも安物や中古を買ったばかりに、しばしば動きが止まったり、データが破損したりしては、作業効率が悪く、ストレスがたまります。

私はほぼ初心者でプロカメラマンになったとき、いきなり月収の2倍はする高性能カメラを買いました。「技術が伴わないのに、高い道具を買っても仕方がない」という意見も一理ありますが、私は初心者だからこそ、いい道具で技術をカバーすべきだと思ったのです。顧客にとっては「いい写真であること」がすべてですから。

それに、お気に入りの道具を使っているだけで、気分が上がるもの。「道具に負けない仕事をしよう」「道具代のもとを取るために稼ごう」と仕事への意欲も高まります。

道具へのこだわりは、いい仕事とお金を生み出していく必須条件なのです。

作業効率を高めていい仕事をするには、いい道具が必要です

35

「金融リテラシー」の高い友人を大切にする

お金とのつき合い方は、生きていくうえで重要課題のひとつ。ですが、お金に関する知識はだれも教えてくれないものです。

とくに「世の中のお金の動き」は、複雑すぎて理解がむずかしい。税率や保険額が変わったり、円安や物価高が進んだり、新しい仮想通貨や金融商品が出てきたり……と、むずかしい経済用語が多くて、ますます不安になってしまう人もいるかもしれません。対策を打つのを、すっかりあきらめている人が多いのではないでしょうか。

自分ひとりでお金の仕組みや流れを把握することは不可能。だから、まわりとシェアする必要があります。普段から、お金に関わる話を、気軽に「○○についてどう思う?」と話せる友人をもつといいでしょう。

たとえば「ビットコインってなに?」「マンションの価格は上がり続ける?」「戦争は経済にどんな影響がある?」などニュースから拾った話題、「年金の受給開始、いちばんお得なのはいつ?」「相続税対策をするには?」など身近な課題を語り合う習慣が定着すると、さらに新聞やネットの経済情報が目につくようになります。

「お金のことを口にするのはよくない」ではなく、お金の不安をなくすためには、お金について建設的に話す必要があるのです。

自分や家族をトラブルから守ったり、お金を有効に遣ったりする知識や判断力〝金融リテラシー〟は、ますます必要になってきます。「家計に関わる情報交換ならAさん」「社会情勢を語り合うならBさん」「株情報ならCさん」「重要事項は税理士や社会保険労務士など専門家」というように、何人かお金の話ができる人を確保しておくと心強いもの。

ただし、相手の話を鵜呑みにせず、自分でもある程度は調べたり、多方面から意見を聞いたりして判断することが、金融リテラシーを高めるヒケツです。


お金の流れを切り口にすると、世の中の力関係や対立構図も見えてきます

CHAPTER 4

お金以上のリターンをもたらす人間関係の習慣

36

損得でなく、「一緒にいると楽しくなる人」とつき合う

まず、「一緒にいて楽しい」「心地いい」「元気になれる」と感じる人間関係があると、お金の不安が限りなく小さくなるという話をしましょう。

お金の流れによって人間関係の立場が強くなったり弱くなったり、お金のあるなしで人が寄ってきたり離れたり……とお金によって人間関係が左右されると思われがちですが、本来のあるべき姿は逆なのです。

人間関係、とくに信頼関係を基盤に、お金は回っています。

そもそもほんとうの意味で成功している人、お金にも人にも恵まれている人は、最初から成功やお金を目的にしていません。やりたいことを思いっきりやっているうちに、それに関連する人たちが集まり、刺激や学びの機会、役割や仕事が生まれて成長でき、結果としてお金も集まり、人生はゆたかになっていくのです。

そんな信頼関係はお金を生むだけでなく、人生を支えてくれます。困ったことがあ

っても相談できたり、助け合えたりして、「なんとかなる！」と思えるはずです。

逆に「あの人はお金持ちだから」「取引先の偉い人だから」とお金でつながった関係の末路はもろいもの。つねに猜疑心があって心が疲弊し、不安がついて回ります。

お金は人生にとって大切なものですが、お金を基準に仕事や人間関係、生き方を選んでいると、自分のなかになにも残らず、逆にお金が離れていくのです。

やりたいことをやって自分を成長させ、まわりの人間関係を大切にしていれば、自然にお金はあとからついてきます。

私はやりたいことをやって動いているうちに、変わってくる人間関係もありました。その都度、人によって生かされ、生き延びてきたといっても過言ではありません。

正直な生き方と、人とつながる力が、お金を連れてきてくれると実感するのです。

年齢、立場、目指す場所によって、人間関係は変わって当然です

37

小さな約束ほど守る

お金に縁のある人は「お金」よりも人との「信頼関係」を大切にします。

なぜなら、「信頼」こそが、仕事や生活を一緒に営む基盤。信頼できる関係があってこそ、つき合うことができるし、お金も健全に動くのです。

信頼される人とは、「この人なら大丈夫」と信じて頼れる人。信頼は一朝一夕につくれるものではなく、貯金のように〝小さな行い〟によってコツコツ貯まっていきます。

仕事であれば、顧客に別なお客を紹介してもらったり、困ったときは同僚に助けられたり、失業しても取引先からオファーされたり……と、お金以上の恩恵があるもの。

つまり、〝信頼貯金〟が貯まるほど、生きやすくなるわけです。

〝信頼貯金〟をふやすためにまず心がけるべきは、「小さな約束ほど守る」という習慣。

大きな約束は「できなくてもしょうがないか」と思われますが、小さな約束が守られないと、「簡単にできることなのに」と失望されます。

反対に、小さな約束をちゃんと守ってくれる人は、「自分を大事にしてくれる」と喜ばれるのです。「折り返し電話するね」と言ったら電話する。「資料送ります」と言ったら送る。「その仕事、やっときます」と言ったら、すぐにやる……というように。

家族や友人との約束も大切です。約束を守らず、ドタキャンしたり、頼まれたことを放置したりしていると、摩擦もふえて、最後は期待されなくなるでしょう。

言っていることと、やっていることがチグハグだと不信感が生まれます。裏表がある、嘘をつく、見栄を張る、ごまかすなどで〝信頼貯金〟は一気に目減りします。

「守れない約束はしない」のも約束を守るコツ。「今度、ゴハンでも」「行けたら行きます」といった社交辞令も、言葉が軽くて不信感を生むもと。礼儀をわきまえつつ、正直で、誠実でいることが、信頼のベースだと思うのです。

「信頼」は築くのに時間がかかりますが、崩れるのはあっという間です

38

見返りは関係なく、「どうすれば人の役に立てるか」を考え続ける

人と人との関係は、お金や名誉や権力を超越したものであり、生きていく〝資産〟でもあります。現代社会は非正規雇用や独身、近くに親きょうだいや友人がいないなど、人とのつながりが薄くなり、心細く感じることもあるかもしれません。

私は国内外を転々としながら生きていますが、周囲に親しい友人ができると、やはり心強いもの。なにかとサポートしてもらったり、困ったときに助けてもらったり。また、仕事も結局のところは、人に声をかけられ、人に助けられ、引き立ててもらい、時間をかけて信頼関係を築くことで生かされてきたことは間違いありません。

ただし、最初から「なにかしてもらおう」と期待してはうまくいかない。「ギブ&テイク」と考えても、期待のズレが生まれてストレスになります。

見返りなんて考えず、「どうすれば人の役に立てるか」を考え続ける習慣があれば、回り回って、どこからか〝なにか〟が返ってくる仕組みになっているのです。

郵便はがき

おそれいりますが
切手を
お貼りください。

102-8790

東京都千代田区
九段南1-6-17
毎日新聞出版
営業本部 営業部行

		ご記入日：西暦　　年　　月　　日
フリガナ		男性・女性 その他・回答しない
氏　　名		歳
住　　所	〒　　- TEL　　（　　）	
メールアドレス		

ご希望の方はチェックを入れてください

毎日新聞出版からのお知らせ ………… ✔	毎日新聞社からのお知らせ（毎日情報メール） … ✔

毎日新聞出版の新刊や書籍に関する情報、イベントなどのご案内ほか、毎日新聞社のシンポジウム・セミナーなどのイベント情報、商品券・招待券、お得なプレゼント情報やサービスをご案内いたします。

ご記入いただいた個人情報は、(1)商品・サービスの改良、利便性向上など、業務の遂行及び業務に関するご案内(2)書籍をはじめとした商品・サービスの配送・提供、(3)商品・サービスのご案内という利用目的の範囲内で使わせていただきます。以上にご同意の上、ご送付ください。個人情報取り扱いについて、詳しくは毎日新聞出版及び毎日新聞社の公式サイトをご確認ください。

本アンケート（ご意見・ご感想やメルマガのご希望など）はインターネットからも受け付けております。右記二次元コードからアクセスください。※毎日新聞出版公式サイト（URL）からもアクセスいただけます。

この度はご購読ありがとうございます。アンケートにご協力お願いします。

本のタイトル

●本書を何でお知りになりましたか？（○をお付けください。複数回答可）

1.書店店頭　　2.ネット書店

3.広告を見て（新聞／雑誌名　　）

4.書評を見て（新聞／雑誌名　　）

5.人にすすめられて

6.テレビ／ラジオで（番組名　　）

7.その他（　　）

●購入のきっかけは何ですか？（○をお付けください。複数回答可）

1.著者のファンだから

2.新聞連載を読んで面白かったから

3.人にすすめられたから

4.タイトル・表紙が気に入ったから

5.テーマ・内容に興味があったから

6.店頭で目に留まったから

7.SNSやクチコミを見て

8.電子書籍で購入できたから

9.その他（　　）

●本書を読んでのご感想やご意見をお聞かせください。

※パソコンやスマートフォンなどからでもご感想・ご意見を募集しております。

詳しくは、本ハガキのオモテ面をご覧ください。

●上記のご感想・ご意見を本書のPRに使用してもよろしいですか？

1. 可　　**2. 匿名で可**　　**3. 不可**

「恩返し」ではなく「恩送り」の精神だと、助けたり助けられたりがふえます

お金の不安は、ひたすら「ギブ&ギブ&ギブ」を続ける習慣で、吹き飛びます。

「この場所でなにができるのか」「社会に対してなにができるのか」と考える習慣のある人は、他人に意識が向けられているので、自分の不安は意識しないものです。

そんな人は「刻石流水（してあげたことはその場で水に流し、してもらった恩は石に刻むほど忘れない）」。そして、自然に〝他力〟によって生かされるようになるのです。

反対に「将来が不安」「年金が少ない」と自分のことばかりでは不安は募るはず。

そもそも人は「もらう満足」よりも「与える満足」により大きな幸せを感じます。

きっと人生の最期に残る満足は与えてもらった満足より、人に与えた満足でしょう。

注意すべきは、けっしてムリをしないこと。「自分ばかり」と恨みがましい気持ちになっては逆効果。あくまでも「やりたいから、やっている」という範囲内で与え続けて。

39

大切な人のために、ちょこちょこお金を遣う

賢いお金の遣い方をしている人は、普段は節約していても、大切な人たちへの出費は惜しみません。とくに両親や祖父母、きょうだい、パートナー、友人など、いちばん身近にいて、お世話になっている人たちは、利害関係を超えた自分の〝応援団〟。日ごろの感謝もこめて相手が喜んでくれることに気持ちよくお金を遣っているのです。

身近な人たちを大切にしていれば、さまざまな面で支えになってくれます。苦しい状況に立たされたときも、寄り添ってくれる人がいるだけで心強いものです。

だれのためにお金を遣うかは、とても重要。ときどき見かけるのが、本来、大事にするべき人を大事にせず、仕事のつき合い、遊びの恋愛などに膨大なお金をかけている人。いずれ「金の切れ目が縁の切れ目」で、見向きもされなくなるでしょう。

「お金持ちになったら、親に温泉旅行でもプレゼントしよう」なんて言う人もいますが、賢明な人はお金をかけなくても度々、工夫してプレゼントをするのが大好きです。

ギフトの本質は、ものではなく「あなたに喜んでほしい」「感謝しています」といった気持ちを贈るもの。1万円のギフトでも、1000円のギフトでも喜びは1回。喜びの大きさがものすごく違うわけではありません。

近しい人にお金を遣うときは、〝値段〟より〝頻度〟が重要。大きなものを数年に1回より、小さなものでも、ちょこちょこしたほうが、大切な気持ちは伝わるはずです。

妻に年1回大きな花束を贈るなら、季節ごとに感謝の言葉を添えて小さな花束を。友人への誕生日プレゼントが儀礼的になっているなら、相手が好きなものを見つけたとき、旅のお土産があったときなど、思いついたときに贈るといいでしょう。

人のために遣うお金は、なにかしら自分にはね返ってきます。自分の心にも「大切な人がいる」とインプットされて、さらに幸せになる効果もあるのです。

ギフトも見返りを期待しないことが大事。お返しがなくてもいい範囲で贈りましょう

40

気の進まない誘いはさらりと断る

同僚との飲み会、友人グループとのパーティ、ママ友とのランチ会など、誘われると、気が進まなくても、お金がなくても、ついついつき合ってしまう人は、人当たりがよく人気者のようで、じつは深い関係が築けていないのかもしれません。

断れないのは、相手の気分を損ねたり、仲間外れになったりするのが怖いから。

しかし、断って嫌われるくらいなら、つき合わなくてもいい相手なのです。

私たちは子どものころから「友だちは多いほうがいい」と教えられてきました。昨今はSNSの影響で、交友関係が広く、友だちが多いことで人の魅力が測られるような風潮もあります。が、友だちが多すぎると、人間関係で忙殺されることになります。

100人の友だちがいるよりも、1人か2人、理解し合える親友がいるほうが、よほど頼りになるでしょう。人間関係を広げることばかりに目を向けないで、ほんとうに向き合うべき人や課題を優先すべきなのです。

断れない関係は、遅かれ早かれうまくいかなくなるもの。自分に嘘をつかず、素直に振る舞っていれば、自然に自分に合った人が見つかり、続いていくものです。

じつは私も断るのが苦手でした。でも、断ることは悪いことではなく、「むしろお互いのためでもある」と考えることにしたのです。実際、仲のいい友人の誘いであっても、気が向かなかったり、ほかにやりたいことがあったりして断ることもあります。

すると、相手も断りやすくなるのです。互いに正直でいられる関係だから、誘ったり頼んだりが気軽にできます。ただし、断り方は大事。下手な言い訳はせず、誘ってくれたことへの感謝を示して、さらりと断れば、悪いことにはならないでしょう。

断れない性分は、お金や時間を浪費して、自分も人も大切にできません。みんなに好かれなくてもいいと開き直った人が、ほんとうの意味で喜ばれる人になるのです。

正直に生きられない人に、人を大切にすることはできません

41

基本、お金の貸し借りはしない

「お金の貸し借りをしてはいけない」ということは、誰もがわかっていることです。

しかし、親しい友人から「こんなお願い、あなたにしかできないの。来月のボーナスで返せるんだけど……」などと悲痛な表情で言われたとき、心が揺れ動くのではないでしょうか。困っている友人を見捨てるような気がして心が痛むかもしれません。

もし、親やきょうだいなら？　ランチで相手の財布にたまたまお金がなかったら？　相手が病気なら？　夢への応援なら？　子どもがいて食べられないほど貧困なら？

……と、判断に迷うケースもあるはず。〝そのとき〟は、いきなりやってくるので、自分の基準を決めておいたほうがいいでしょう。

たとえば、基本、お金の貸し借りはしない。貸すときは、あげるつもりで○○円まで。「返して」と催促できない関係なら貸さない。まとまったお金で助けてあげたいときは、返済期日入りの借用書を書いてもらう……というように。

皆が口をそろえて「お金の貸し借りはダメ。保証人になってもダメ」と言うのは、結局返ってこなくて人間関係がこじれたり、身を滅ぼしたりした例が、まわりでいくらでも起きているから。大切な相手だからこそ、貸りても、借してもいけないのです。

貸せばお金だけでなく、友人もなくすことになります。家族や恋人だと、つい親身になってしまいますが、借りたほうは〝負い目〟をもって心地悪くなり、貸したほうは「もしかして返さないのでは？」「忘れてないよね？」と不信感をもち続けます。

また、相手の自立する力や、自分で解決する力を奪ってしまうこともあります。

まわりに「この人はお金を貸さない人だ」と認識してもらうように、隙を見せないことも大事。自分は借りない。ルーズなお金の遣い方をしない。大金をもっている様子を見せないなど、きれいなお金の遣い方を心がけて。

お金はパワー。お金を貸すことでパワーバランスが崩れるのは当然です

42

自分から名前を呼んで、あいさつする

お金や権力、名声を得ても、どこかで人生がうまくいかなくなる人の代表格が、「傲慢な人」です。著名になるほど成功したのに、部下へのパワハラやセクハラ、不倫などのスキャンダル、お金の不正などでつまずいてしまうのはよくある話。

おそらく、お金をもったことで、自分が「偉い」と勘違いしたのでしょう。人が離れていくし、謙虚に学ぶことをしないから、お金のツキにも見放されてしまうのです。

生涯にわたってお金の不安がない人は、「実るほど頭を垂れる稲穂かな」の精神で、成功してお金や権力をもつほど、相手に敬意を払って、謙虚な姿勢です。

そんな人は、お金をもつことは「偉い」のではなく、「選択肢が広がること」、自分ひとりの力ではなく、まわりの人たちのおかげで幸運を得ていると考えています。

謙虚な人のわかりやすい習慣が、立場が下の人にも、自分から名前を呼んで、あいさつをすること。だれに対しても自分から笑顔で「○○さん、こんにちは。元気そうですね」など声をかけます。対して、傲慢な人は、自分からは頭を下げなかったり、「どうも」と返事をするだけで目も合わせなかったりして、偉そうな態度です。

名前を呼ぶと、必然的に個人への敬意を示すことになり、丁寧で、親しみのある言葉遣いになります。呼ばれた側も「自分の存在を認めてくれている」「大切にしてもらっている」「礼儀正しい人だ」と好印象をもつでしょう。

夫婦や恋人、親子でも、名前を呼んで自分から声をかけ、「おはよう」「ありがとう」「ごめんなさい」の3つをちゃんと言うように心がけるだけで、目線が同じになって、関係がやわらぎます。

人間は立場が上になると傲慢になりやすい生き物。お金にも人にも愛されるためにも、つねに「頭を垂れる」習慣をもちたいものです。

謙虚な人は〝学び〟と〝感謝〟があるので、自然にチャンスがやってきます

43

3割増しの〝ほめ言葉〟と〝感謝の言葉〟

人間関係でいちばん強いつながりは、「認めてくれる関係」だといいます。「なにかしてくれる」とか「地縁血縁がある」とかではなく、「あなたのことを認めているよ」と尊重してくれる相手はかけがえのない存在。安心と生きる力を与えてくれるのです。〝ほめ言葉〟と〝感謝の言葉〟は、人を認めて、受け入れる象徴的な言葉といってもいいでしょう。

私もほめ言葉をもらって成長してきたようなもの。幼いころに子守のおばあさんが「あんたは本の読み方が速い！　こんな子はいないよ」とほめてくれたこと、新聞社を退職するときに編集長が「あなたならどこに行っても大丈夫」と太鼓判を押してくれたことなど、ずっと心の奥に残って、私を励まし続けてくれたのです。

ほめられると、だれだって嬉しいもの。「声がいいですね」「眼鏡が似合いますね」「発想が面白い」「みんなにやさしい」など小さなことでもほめてくれると、「そんなところを見ていてくれたんだ！」と感動。自分も相手を認めよう、なにかしてあげようと、ポジティブなエネルギーの連鎖が起こります。

私が人間関係でいちばん心がけている習慣も、〝ほめ〟と〝感謝〟。「ほめてあげよう」と気負わなくても、いいなと思ったときに「すてき」「すごい」「すばらしい」と〝3Sほめ〟をアレンジして伝えるだけでも、お互い笑顔になれるものです。

「ありがとう」という感謝の言葉はいくら言っても言いすぎることはありません。「メールの返信ありがとう」「教えてくれてありがとう」「いつもありがとう」など、あたりまえのことでいいのです。人間は放っておくと、悪いところばかりに目が向きがち。

3割増しぐらいの気持ちで〝ほめ〟と〝感謝〟を口にする習慣は、人のいいところに目を向ける習慣になり、自分の心の健康を保ってくれる効果があるのです。

思っていても口に出さないのは、相手にとっては思っていないことと同じです

44

愚痴、悪口を言わない

お金の余裕があって、幸せに暮らしている、いわゆる〝ゆたかな人〟から、愚痴や悪口を聞くことは滅多にありません。

その反対で、お金の余裕がなく、不幸せそうな人は、「どうして会社はなにもしれくれないのか」「どうしてあの人はダメなのか」と、似たような立場の人と集まって愚痴や悪口を言い合っていることが多いもの。たまのストレス解消としては有効な手段ですが、それが習慣になっていては進歩もないでしょう。

ゆたかな人は、恵まれているから、愚痴を言わないのではありません。愚痴や悪口を言わない習慣があるから、経済的にも精神的にも、ゆたかになれるのです。

「今日は○○ができて嬉しかった」「明日は△△があるから楽しい」など、つねに楽しいこと、嬉しいことなど明るい言葉を使う習慣があります。

とくに不遇な状態のときに、どんな言葉を使って、どんな行動をとるかが、ゆたかさを決める分かれ目。そんなときこそ、明るく前向きな言葉を使おうとする人は、〝生きる筋力〟がついて、その場から抜け出し、成長していけるのです。

自分の性格をポジティブに変えるのは、時間とエネルギーがいります。

しかし、言葉を変えるのは簡単。試しに「どうして？」と言いたくなるところを、「どうしたら？」と言い換えてみるといいでしょう。

たとえば「どうして給料が上がらないのか」を「どうしたら給料が上がるのか」と言い換える。すると「昇進に挑戦する？」「転職する？」「副業する？」とさまざまな手段を考えるようになります。

自分の口から出る言葉を明るく前向きなものにするだけで、これまでと違う自分になることも可能なのです。

現実が言葉をつくるのではなく、
言葉が現実をつくるのです

45

話すことよりも、聞くことを重視する

ユダヤの諺に「神が人間に二つの耳と一つの舌を与えたのは、話すよりも聞くことを重視したからである」というものがあります。

人に溶け込めない人はよく「私は口下手で……」なんて言いますが、コミュニケーションが得意な人は大抵、人の話に興味をもって楽しそうに聞いている印象です。

仕事がデキる人も〝話し上手〟より〝聞き上手〟。たとえば、営業でありったけの知識をペラペラとしゃべりまくる人より、お客様の話をしっかり聞いて、その人に合った商品やサービスを薦めてくれる人のほうが信頼されるでしょう。

相手の話を聞くメリットは、印象がいい、情報が入ってくる、学びがあるなどいろいろありますが、いちばんは〝観察力〟が養われて相手を理解できるようになること。「この人はどんな人?」と話に耳を傾けるスタンスでいると、言葉だけでなく、表情、

目の動き、声のトーン、動作、クセ、雰囲気など〝観察〟する習慣が生まれます。

「相手の求めるものを、相手が求めるときに提供する」は〝商売〟の基本です。

初対面でも、雑談をするときも、まず相手の話を聞くことから始めてみましょう。


ほんとうの〝聞き上手〟は、ただ話を聞くだけでなく、「えーー！ 面白いですね！」と〝感動上手〟であり、「どうしてそう思ったんですか？」など〝質問上手〟。

相手が気持ちよく話せるように合いの手を入れたり、引き出したりするのです。

自分のことを伝えるときも、相手の話に乗っかって「じつは私も○○が好きです」「それなら、いい情報がありますよ」などと話すとよく聞いてもらえます。

自分の話を聞いてくれた相手の話は、ちゃんと聞こうとする態勢になるのです。

「口を閉じるほど、自分の話を聞いてもらえる」という諺も納得するはずです。

人の態度は、自分の鏡。聞く耳をもたない人の言葉は、相手の耳にも届きません

46

〝お裾分け〟をする

季節の果物をたくさんもらったり、お漬物を大量に作ったり、旅先でめずらしいお菓子をいろいろ買ってきたりしたら、近くに住む友人たちに〝お裾分け〟をします。

お裾分けはわざわざ用意したり、おもてなしをしたりする必要がないので、気がラク。「ついでに人にも喜んでもらおう」というだけで、お返しを期待していないけれど、友人たちもなにかあったときにもってきてくれます。「煮物をいっぱい作ったから食べて」「お中元で大量にもらった洗剤、いる?」という具合に。

そんなちょっとしたやさしさは身に染みるもの。お惣菜をもらったときは、容器にお菓子を入れて返したり、こちらのお中元もお裾分けしたりしていると、自然に関係が深まって〝生活互助会〟のような感覚になってきます。

職場でも「実家から田舎のお菓子を送ってきたので食べて」「じゃあ、お返しに……」と分け合うことがあれば、相手の背景も垣間見えて距離がぐっと縮まるもの。

言葉だけではなく物を交換すると、不思議と安心感も生まれるのです。

お裾分けには、人間関係を深める効果のほかに、もうひとつ意味があります。お金を遣わなくても、お裾分けや物々交換で「物を手に入れられる」という原始的な経済活動が、お金の不安を多少なりとも払拭してくれるように思うのです。

田舎に移住したとき、毎日、ご近所さんから食べ切れないほどの野菜や果物をいただいたものでした。なにかと家に出入りする人がいると、「蚊取り線香が必要だね。家にたくさんあるから、もってくるよ」「どくだみで作った虫刺され薬もあげる」と、生活用品がそろうので、当時はお金をまったく遣わない日が続いていました。

都会では「ゼロ円生活」はムリでも、ときどき物々交換をして貨幣経済から少しだけ解放されると、心がふっとラクになります。お裾分けの習慣は、お金の不安を軽くしてくれる一助になるはずです。

「お金を介さない経済がある」と知っているだけで、生き方の選択肢がふえます

47

わからないことは、詳しい人に聞く

職場でわからないことがあっても、なかなか質問ができない人はいませんか？「ダメなやつだと思われる」「そんなことも知らないの？　と言われそう」「スマホでも調べられる」など理由はいろいろですが、「聞くは一時の恥、聞かぬは一生の恥」、聞かずにいたら一生解決できない。また、自分で調べたら30分以上かかるところを、人に聞けば、一瞬で解決することも多いはずです。

私もかつては人に聞くのが恥ずかしくて、なにごとも人に頼らず、自分で解決しようとしてきました。でも、聞くことに慣れてしまうと、ものすごくラク。道を尋ねるように「ちょっと教えて」と聞けば、大抵は喜んで教えてくれます。

基本的に、人は自分のもっている情報が、人の役に立つことが嬉しいのです。

たとえば、野菜の干し方を知りたいときは田舎の80代の友人に、パソコンの操作がわからず困っているときはＩＴ関係に詳しい友人に聞くなど、いろいろな人に手助けしてもらえるもの。思ってもみなかった意外な方法で解決できることもあります。

私はお店でもあれこれ興味をもって質問するのが好き。洋服屋ではコーディネートの仕方、ヘアサロンではセットの仕方、肉屋では美味しい調理法など、プロフェッショナルは「その質問、待ってました！」とばかりに丁寧に教えてくれます。

「わからないことは詳しい人に聞く」という習慣をもち、「だれになにを聞くか」というコツさえ押さえれば、いろいろな人の知恵を借りながら生きていけると私は思っているのです。

社会の仕組みが複雑になり、膨大な情報があふれている現代では、わからないことはつぎつぎに出てきて、ひとりですべてを解決するのは不可能。とくに家族や友人と問題をシェアする関係ができると、ほんとうに心強いのです。

「頼ること」は相手にも喜びを与えること、信頼関係を築くことです

48

離れた年代の人と交流する

70代の男性経営者から、こう言われたことがありました。

「コロナで仕事がなくなった20代の女性が5人、一時的に家に居候していたんだ。あれは私の革命だった。最初はストレスだったが、毎日、目から鱗の気づきがあって、いい刺激を受けたよ。自分を壊すなら、50歳年下の人たちとつき合うべきだね」

たしかに、と膝を打ったのです。同じ世代で価値観の合う人とだけつき合っていては固定観念で頭がカチカチになっていく。新しいものを吸収していくには、コミュニケーションに苦心しながら、想像を超えたものに出合う必要があるわけです。

それを意識していたからか、ふと気がつけば、若い友人だけでなく、90代の友人とも交流するようになっていました。

接点がある異世代は、仕事の業種が同じ、趣味や好きなものが同じ、同窓生や地域の集まり……と、共通項もあるもの。そこから話していくと、まったく違う視点があって、まさに目から鱗の情報を教えてもらったり、自分の先入観を思い知らされたりして、ほんとうに学びが多い。また、それぞれ得意なことが違うので助けたり助けられたり、単純に楽しかったりして、互いに役立つ関係になれるのです。

私の知るある地域のコミュニティでは、高齢者が若い世代に料理を教えたり、子育ての相談に乗ったり。若い世代も荷物運びや旅行の手配を手伝ったり……と、自然に〝相互扶助〟が成り立っています。

一昔前は三世代同居でやっていたことですが、これから私たちが安心して生きていくために、世代を超えた関係をつくるのも、ひとつの手段かもしれません。

年の離れた人たちと関わっていくには、コミュニケーション力や、人間力もいくらか必要。それも含めて、積極的に交流する意味は大きいと思うのです。

世代間の枠を取り払うには、上から目線にならず、どんな相手にも敬意を示すこと

49

手助けを必要としている人に、手を差し出す

数年前、病気で歩くこともむずかしい時期がありました。

そのとき、親身になって病院に連れていってくれた友人、たびたび食料を買ってきてくれた友人、長電話につき合ってくれた友人など、お世話になった人はありがたく、「一生、大切にしよう。彼らがピンチのときは私が駆けつけよう」と思っているほど。

そんな人たちは、お金や損得勘定ではなく、「ただ力になりたい」と、困っている人を助けようとするので、心から安心できるのです。

「なにかあったときのために、お金が必要」などと言う人がいますが、心や体の不調、失業、離婚、家族との死別などかならず起こるのが人生。実際に起こったときは、お金もいくらか必要ですが、〝人的資産〟のほうがありがたく感じるもの。「だれかが話を聞いてくれた」というだけで救われることもあります。

私もそんな愛情深い人になりたいと、手助けを必要としている人に、手を差し出す

ことを意識しています。見知らぬ相手でも、ほんの小さな親切でもいいのです。

たとえば、電車で席を譲る、道でキョロキョロしている人に道案内をする、重い荷物をもってあげるなど、〝徳〟を積んだようで、自分もいい気分になりますから。


つらそうな人、孤立している人に「お茶でもしようか？」と声をかける、忙しい人をそっとフォローする、体調が悪い人につき添うなど、ムリのない範囲で手助けしていると、自分が困ったときも、どこからか手助けしてくれる人が現れるもの。思いやる気持ちが伝わって、あたたかい空気が生まれ、いいことも起きやすくなります。

だれもが無関心で、自分のことで精一杯という場所は、トラブルが起こりやすく、焦ったり、落ち込んだり、不安になったりすることも多いのではないでしょうか。

目の前に手助けを必要としている人がいたら、それは明日の〝自分〟の姿なのです。

「徳を積むこと」は自分を助けることにつながります

CHAPTER 5

大切なことを優先する時間の習慣

50

「時間をお金で買う」という発想をもつ

〝時間〟は有限で、私たちの命そのもの。だれにも1日24時間、等しく与えられています。時間をどう配分するかがお金のゆたかさ、人生のゆたかさにもつながるのです。お金の稼ぎ力・遣い方だけでなく、生活の知恵、信頼関係など自分のなかの〝資産〟をふやして不安をなくすためにも、時間の有効な使い方をしたいもの。

そこで、まず、取り入れていただきたい習慣が「時間をお金で買う」という考え方。私たちは、とかく「もっと稼がなきゃ」「もっと安く買わなきゃ」とお金のために動き回って忙しく、〝時間貧乏〟になりがち。いつも「もっと時間があれば○○できるのに」などと考えてしまうのではないでしょうか。

多少、お金を支払ったり、損したりしても、〝時間〟をとったほうが得策なこともあります。たとえば、数百円の安売りを求めて、往復1時間かかるスーパーに行くなら、往復10分のコンビニで買ったほうが、50分ほかのことに使えます。いちいち損得を考えて細かいところでケチらないほうが、自分の活動に専念できます。

忙しいのに節約しすぎると、疲れとストレスでまいってしまうでしょう。お金を支払っても、時間とエネルギーを温存したほうが、笑顔で家族と過ごせたり、いい仕事ができたりするはず。

そもそも「もっとお金を稼ぎたい」「もっと買いたい」となにかを得ることが生活の最優先になると、膨大な時間を使い、いましかない時間が奪われてしまいます。

死ぬときに後悔することは「挑戦すればよかった」「健康を意識すればよかった」「人との時間を大切にすればよかった」「仕事ばかりしなければよかった」とか。

これらは〝時間配分〟と、〝時間を買うこと〟で解決できるのです。

私たちは自分を幸せにする責任があります。自分にとっての〝大切な時間〟をつねに見直して、自分の時間を取り戻し、〝時間リッチ〟になろうではありませんか。

〝時間リッチ〟〝お金リッチ〟を並行して目指すことは可能です

51

「一日の優先事項」を3つ以内に絞って〝先取り〟する

お金がなかなか貯まらない、いつも時間が足りないという人の最大の原因は、「優先順位」をつける習慣がないことです。「いま、なにを優先すべきか」を意識する習慣がないから、なんとなくお金や時間を使って、いつの間にか足りなくなってしまう。だらだらとSNSを見たり、ゲームをしたり、ショッピングセンターをふらついたりと時間を浪費しがちな人は、お金もムダに遣っているはずです。

そうならないために「一日の優先事項」を3つ以内に絞って〝先取り〟する習慣をつけましょう。給与を〝先取り貯金〟するように、最初にその時間を確保するのです。

たとえば「午後は仕事、18時からは家族団らん、21時からは英会話レッスン」などと決めて、ほかのことはしないようにします。休日は「親孝行メインの日」「大掃除と買い出しの日」「読みたかった本に没頭する日」などの優先事項があるでしょう。

また、今日の仕事の優先事項も3つに絞って、できるだけ大事なことから先に終わらせましょう。優先する仕事がわかっていないから、あれもこれも手をつけたりして、一日の終わりに「結局、なにも終わっていない！」となるわけです。

1年の始まりに今年やりたいことの優先事項を決めて、先にスケジュール帳に書き込んでしまうのもおすすめ。家族旅行、絵画制作、資格試験の勉強と受験、ボランティアへの参加など大切なことは大抵、「緊急でないけれど、重要なこと」なので、「時間があるときにしよう」などと考えていると、いつまでたっても実現しません。

時間には容量があるので、器のなかにまず大きくて大事な〝石〟を入れる。初めに小石ばかり入れていては、大事な石が入らなくなってしまうのです。

頭のなかで「優先事項、優先事項」と考えるクセをつけると、むやみに浪費することが劇的に減って、時間とお金に困らない生活になってくるはずです。

大切にするべきことを大切にする習慣が、いちばん大切です

52

「やらないこと」を決めて、お金と時間と心の余裕をつくる

台湾の大企業の社長を取材したとき、こう言われたことがありました。

「うちの会社は営業部がない。いい商品を作ることだけに専念すれば、世界中から買いに来てくれる。私は会議もしないし、出社も月数回。それでじゅうぶん事足りる」

高齢の社長は、先見の明があり、最先端のＩＴ技術で大富豪になった人。のんびり暮らしているように見えて、つぎつぎと莫大な利益を生み出していく。また、「子孫に財産を残さない」とも決めていて、その理由は「お金を与えては、彼らが自分でお金を生み出す楽しみと喜びを奪ってしまうから」だとか。

社長はものごとの本質を見つめていて「自分のやるべきこと」を徹底的に追求するために、ほかのことは全部、「やらない」と決めているのです。

それに感化され、私も「やらないこと」を決めて、まず自分の仕事だけに専念したところ、ものごとがうまく回り始めました。とくに、心が後ろ向きになる仕事やつき

合いはすべて「やらない」。すると、時間と気持ちの余裕ができるので、新しい挑戦や身近な人間関係など、そもそも大切だったことに目が向くようになったのです。

私たちはたくさんこなすことが有効な時間術と思い込み、スケジュール帳に多くのタスクを詰め込みがちですが、時間の使い方の基本は〝足し算〟ではなく〝引き算〟。「やること」より「やらないこと」を決めたほうが、自分を生かせます。

「やらないこと」は小さなことでいいのです。「ランチ外食につき合う」「課金してまでゲームをする」「仕事帰りにコンビニに寄る」「新機種のスマホを買う」など経済的にも悪影響なのにルーティン化している習慣があるかもしれません。

やめるのがむずかしいときは、なにか別の行動に置き換えるのも一策です。

時間の〝断捨離〟もものと同じで、時間とお金のムダをなくすだけでなく、頭をすっきり整理して、自分の価値観を見つめ直すことにつながるのです。

ほんとうにやりたいことは「やらないこと」から見えてきます

53

スマホに触る時間を決めて〝ついつい〟〝だらだら〟癖をなくす

〝ついつい〟〝だらだら〟時間を使うクセがある人は財布のひももゆるみがちではないでしょうか。〝ついつい〟〝だらだら〟をやってしまうのは、お酒、おしゃべり、テレビ、ギャンブルなどいろいろありますが、もっとも多いのはスマホ。手持ち無沙汰でついスマホを触り、SNSや動画をだらだらと長時間見てしまうのは、ついついバーゲンセールに立ち寄り、ついつい浪費してしまう思考パターンと同じなのです。

〝ついつい〟〝だらだら〟癖も積もれば膨大な時間。稼ぎ力を高める時間に使えたかもしれないし、夜更かし癖になっていたら、翌日の仕事にも響くでしょう。

時間もお金も〝ついつい〟〝だらだら〟をやめるためには、意志の力に頼ってはいけません。脳は構造上、一度習慣化してしまうと、なかなかやめられないのですから。

そもそも人間は「流されやすい性質」があるという前提で、〝誘惑するもの〟から距離を置く仕組みをつくり、新しい習慣に置き換える必要があるのです。

たとえば、スマホであれば、基本、チェックするのは朝と夕方○分だけ、夜○時以降はオフ、休日に使うのは緊急時のみなど、自分なりのルールをつくり、触っていないときは、目につかない場所に置くことが大事。最初はスマホがないと不安感をもつ人もいますが、スマホなしの生活に慣れてくると、なににもしばられない解放感があり、気持ちに余裕が出てきたり、アイデアがわいたりするのを実感するはずです。

児童書『モモ』のなかでは、資本主義の象徴である〝時間泥棒〟の一味に、現代人が時間を奪われ、人間本来の生き方を忘れてしまっている物語が描かれています。

「人間は自分の時間をどうするかは、自分で決めなくてはならない。だから時間をぬすまれないように守ることだって、自分でやらなくてはいけない」というセリフがあります。限りある人生の時間を、やすやすと時間泥棒に奪われてはいけないのです。

「時間がない」人の多くは、時間を生かすのではなく、時間を奪われています

54

買い物に〝制限回数〟〝制限時間〟を設ける

じつは私は、お金の節約、時間の節約をがんばっている感覚はないのです。

前項で書いたように「ついつい買ってしまった」「ついついやってしまった」という〝ムダなお金〟〝ムダな時間〟をなくせば、じゅうぶんな余裕が生まれます。

この二つの無駄を同時に解消できるひとつが、スーパーやコンビニ、ショッピングセンターなど日常の買い物に〝制限回数〟〝制限時間〟を設けるという習慣です。

店に長時間滞在するのは、散財のもと。スーパーもコンビニも、お客に長くいてもらおう、手に取ってもらおう、買ってもらおうという工夫がふんだんにされています。

たとえば、ドリンク類は奥にあって売り場を通っていく配置、売りたい商品のポスター、処分前のセール品など、お店に長時間いるほど、さまざまな誘惑があって時間とお金を遣う仕組みになっているのです。

スーパーの戦略をわかって、短時間でまわることが散財を防ぎます

前項でも書いた童話『モモ』の〝時間泥棒〟の罠にはまらないためには、買い物に行かないことがいちばん。ですが、それは不可能なので、数日〜1週間分の献立をある程度考えて買い物リストを作り、週1、2回、まとめ買いをするといいでしょう。

また、「スーパーは30分以内」「週末のショッピングセンターは2時間以内」など制限時間を設けることも大事。うろうろすると、余計なものが目に入ってくるので、商品の配置がわかっている一軒のなかを最短距離で回ることも、短時間で買い物を済ますコツです。楽しみとして、新しい店をのぞくのはありですが。

バーゲンセールでも「なにかいいものがないかな」という感覚でいると、時間泥棒の思うつぼ。「目的があって短時間滞在する人」「目的はなくて長時間滞在する人」では、後者のほうが遣う金額が大きいといいます。買い物好きな人ほど、目的の品と、行く頻度、時間を決めて、賢いショッピングを楽しんでください。

55

基本、定時で仕事を終わらす

日本企業で働く台湾人の友人が「日本の会社は、始業時間には厳しいのに、終業時間にはルーズで、いつまでも残業させる」と嘆いていたことがありました。

ハードワークの職場は、心身の不調をきたして、離職率が高いもの。フル稼働すると、「急にやる気がなくなった」といった〝燃え尽き症候群〟になることもあります。

かつては残業代が目的で残る人もいたでしょうが、いまや多くがサービス残業。8時間以上働いても集中力が落ちて成果が出ず、その焦りと負い目から「残業して精一杯がんばっています」アピールをする悪循環に陥っている人もいるかもしれません。

残業がふえるひとつの原因は、最初から残業を前提に仕事をしているから。

私も経験があります。「どうせ、今日も残業だろうな」と思っていると、昼間、同僚と余計なおしゃべりをしたり、締め切りがあるのに集中できなかったり。で、案の定、仕事は終わらず、深夜まで続くわけです。

「どうしても5時に終わらせて、子どものお迎えに行かなければ」などと言っている人は、おしゃべりにも乗らず、猛スピードで仕事を片づけている。いえ、普段、残業をする人も外せない用事があるときは、なんとしてでも定時で帰ろうとするはず。

仕事が好きでたまらないなら別ですが、働きすぎてしまう人の多くは、〝ヒマ〟なのかもしれません。ほかにやりたいことがないから、働いてしまうとも考えられます。

定時上がりが習慣化するまでは、夜の予定を決めて、仕事をそれまでの〝ヒマつぶし〟と考えてはいかがでしょう。夜の予定に間に合うように、効率のいいタイムスケジュールで進めたり、集中する環境整備をしたりして、時間に緊張感が生まれます。

いい仕事を継続するには「あえて働きすぎない」姿勢も大事。時間の余裕が積極的な心を保ち、挑戦と成長を続けて、より多くのお金を呼ぶのです。

「忙しくて時間がない」と言っている人は、ほかに本気でやりたいことがないだけです

56

興味をもったら、すぐに「小さく試す」

「やりたいことがない」という人は、とかく時間もお金も浪費することが多いものです。目的もなくテレビやスマホを見ていたり、「最近なにもいいことがないな」と飲みに行ったりギャンブルをしたりすることもあります。

いいえ、ほんとうはやりたいと思うことがあっても、心の奥にしまい込んで忘れているのかもしれません。

顔を上げてまわりを見渡してみると、子どもがワクワクするように「面白そうだな」「楽しそう」「もっと知りたい」「見てみたい」「行ってみたい」「やってみたい」と、知的好奇心をそそるものがあるはず。それを「いつかやろう」ではなく、できるだけすぐに小さく試すのです。楽しくなければ、すぐにやめればいいのですから。

仕事もむずかしく考えず、興味をもったら「ちょっとやってみようかな」と試してみればいいではありませんか。私は50職種以上の仕事をやってきましたが、結果がどうのではなく、夢中になった時間そのものが財産だと思うのです。

それに「やりたいこと」は、やる前は「やってみたいこと」にすぎません。試してみなければ、「やりたいこと」「深めたいこと」にはたどりつけないのです。

習いごと、スポーツ、楽器、読書、旅、料理、スキルの習得や資格など「やってみたいこと」がたくさんあるのは歓迎すべきこと。人生の時間を「やるべき（と思い込んでいる）こと」から「やってみたいこと」にどんどん置き換えていきましょう。

脅かすようですが、時短勤務や定年退職などでヒマができても、夢中になれる時間がなければ、よからぬことに時間もお金も浪費してロクなことはありません。不安や悩みにもとらわれやすくなります。

心身の健康のためにも、ゆたかな人生のためにも、まずひとつ、試してみませんか。

好奇心旺盛な人は、いつも新しいことに挑戦しているので人が集まってきます

57

1日30分、未来のために時間を〝投資〟する

何歳になってもお金の不安がない人は、お金を貯蓄や投資するだけでなく、未来の自分のために〝時間の投資〟をしてきた人だと感じます。

時間も、お金と同じで使い方は「消費」「浪費」「貯蓄・投資」の3つ。

ただし、時間の場合は、お金のように貯蓄することができないので、「いま、時間をなにに使うか」がすべてです。

「消費」「浪費」「投資」の違いを少し整理してみましょう。

時間の「消費」は、価値が同等のもの（生活費を稼ぐための労働、睡眠や食事、買い物、通勤など生活時間）に時間を使うこと。時間の「浪費」は、価値が下がるもの（だらだらとネットやテレビを見ること、行きたくない飲み会など）、時間の「投資」は、価値が上がるもの（スキル習得や学びの時間、健康管理の時間、大事な人と過ごす時間、新しい体験をする時間など）に時間を使うことです。

心情の面から考えると「もったいない時間だった」と思うのが浪費、「いい時間だった」と思うのが投資。ときには「しんどかったが、いま考えるとあの時間があったから、いまがある」と思える投資の時間もあるかもしれません。

ほかにも親孝行や旅行は心の栄養になり、自己肯定感を上げる機会、人と出逢ったり、交流したりするのは学びや信頼関係を築く機会なので〝投資〟といえるでしょう。

そんなふうに、未来の自分の価値を高める時間、自分の世界を広げる時間を、1日30分でも意識してもとうではありませんか。それは未来への〝準備〟になります。

できれば、最低ひとつは1日のルーティンに組み込んで確保したいものですが、日ごろ、仕事と生活で余裕がないのであれば、休日に2時間など工夫して。

自分を高めることを習慣にしてきた人と、そうでない人の違いは、膨大な時間の差になり、10年後、20年後はまったく違う環境にいるはずです。

「時間の浪費」を「時間の投資」にまわしたら、計り知れない利益になります

58

1日10分〝ひとり作戦会議〟で、時間とお金の遣い方を見直す

昭和の作家、今東光さんが「人生とはなんですか?」と問われたときの答えは……。

「人生はな、冥土までの暇つぶしや。だから、上等の暇つぶしをせにゃあかんのだ」

私もたびたび、この達観した言葉を思い出して、同じように自分につぶやくのです。

私たちが人生に迷うのは、「どう生きるのが正解か」と、生き方に正解を求めてしまうから。まわりの目が気になったり、人と比べて無力感を味わったり、人の言うことに傷つき振り回されて、「自分はどうしたいのか」がわからなくなるのです。

だから、1日10分でもいい。〝ひとり作戦会議〟を開いて、「ほんとうのところ、どうしたいの?」と自分の本音を聞き出そうではありませんか。

一日中、育児や介護で家族と一緒、長時間労働で同僚と一緒という人ほど、素の自分に戻る時間は必要。人の期待に応えてばかりだと、自分の期待や本音を見失って、心が泣いていることもあるはず。それを放っておくと、体の不調として表れてきます。

ひとりの場所がなければ、お風呂や通勤時間にひとり作戦会議をしてもいいでしょう。

時間やお金の使い方を考えるときも、「自分はどんな生き方をしたいのか」という自分への期待がわかっていないと、浪費と後悔を繰り返すことになります。


「どう生きるかは、それぞれの計らい」というのも今東光さんの言葉。暇つぶしでも、ひとり旅の計画を練るように、自分で考えて実行する必要があるのです。

ひとりの時間は、自分を客観的に見つめる機会でもあります。賢い親友になったつもりで自分を見つめ「いま、心と体は大丈夫?」「ほんとうはどうしたい?」「どんな自分でありたい?」「優先事項はなに?」などと問いかけましょう。

思っていることを紙に書き出すのも、本音が言語化できるのでおすすめです。

ひとり作戦会議をする習慣で、〝極上の暇つぶし〟を楽しんでください。

自分を見失わないために必須なのは、「ひとりの時間」です

59

明日の準備をする習慣が、自分を信じる力になる

朝、仕事に出かける前になって「うわ、シャツにアイロンをかけてない！」「家の鍵、どこに置いたっけ？」などと焦った経験は、だれもがあるでしょう。

いうまでもなく、これは準備不足によるもの。朝の準備をしていないために遅刻したり、焦ってミスや失敗を引き起こしたり、ストレスや自己嫌悪になったり。時間やお金がかかってしまうこともあるはずです。

じつは私も子どものころから、朝になってから時間割をそろえるタイプでしたが、いまは翌日、すぐに仕事にとりかかれる準備をしてから寝るようにしています。

なぜなら、準備する習慣は、ものごとに対する姿勢そのもの。準備にどれだけ時間をかけたかが結果の差になると、さまざまな場面において実感してきたからです。

たとえば、カメラマンとして現場に臨むときは、前日にあらゆる撮影の仕方をシミュレーションしてレンズやレフ板などの小道具を用意し、カメラの手入れやテストを

し、体調管理もするなど、思いつく限りの準備をする。そこまでやって初めて、当日は落ち着いて力を出せるのです。それでも「いい写真が撮れた」と思うのは数枚。慣れても準備を怠れば、すぐにボロボロな結果になってしまいます。

営業の人がプレゼンテーションをするとき、プロのスポーツ選手が試合に臨むとき、俳優が舞台に立つとき、それまでに膨大な準備の時間があって、始まる時点ですでに、ある程度の〝答え〟が出ているのではないかと思うのです。

翌日の準備をする習慣を身につけると、仕事だけでなく、旅行の準備、食事会の準備などいろいろと気が回り、「うまくいった！」という〝成功体験〟がふえます。

いちばんは未来に対して「なんとかなる！」という根拠のない自信が生まれること。ただ心配するだけでなく、現実的な準備を重ねてきた人の未来は明るいのです。

最大の結果を得るためには、
最大の準備が必要です

60

やるべきことはルーティン化して〝見通し〟を立てる

世の中には「貧乏暇なしの人」「お金はあるが時間がない人」「時間はあるがお金がない人」「時間もお金もある人」などいろいろですが、ただ時間とお金があればいいわけではありません。収入の多さにかかわらず時間とお金の余裕があり人生を楽しんでいる人たちの共通点は、〝やりくり上手〟なことでしょう。

時間もお金もやりくりがうまい人は、二つのポイントを押さえています。

ひとつは「浪費をなくして、喜びの大きいポイントに時間（お金）をかけること」、もうひとつは「使うべき時間（お金）はコンパクトにすること」です。

たとえば、お金なら、家賃や光熱費など、決まった固定費を小さくまとめたり、食費などの変動費は1週間〇〇円にするなど上限を決めたり。

使うべき時間をコンパクトにするには、「決まったこと」を「決まった時間」「決まった手順」で進める〝ルーティン化〟がおすすめ。朝の準備、仕事の始まりと終わり、帰宅後、寝るまでなど一日の流れのなかでルーティンを決めると、省エネ、かつ時短でやるべきことが処理できます。

ルーティン化のいちばんのメリットは、時間の〝見通し〟が立てられること。

たとえば急なタスクが入っても、「その仕事なら30分でできるよ」「10分で準備するから待ってて」、家でも「夕食の支度をする間に、ちょうど洗濯が終わる」など、具体的に考えて処理する習慣ができるのです。

ルーティンの習慣がない人は、その都度やり方が違って時間がかかるうえ、見通しが立てられないから「えー、時間がないからムリ」「結構、時間がかかりそう」など、時間を言い訳にできないことがふえるのです。これは、お金の見通しが立てられず、漠然と不安を抱えている人と同じ思考パターンです。

「貧乏暇なし」とならないよう、まずは朝のルーティン化から始めてみませんか。

ルーティンは気持ちを切り替えたり、心を落ち着かせる効果もあります

61

お金のかからない魔法の薬 〝睡眠〟の時間を死守する

現代人の多くが毎日、仕事、家事や育児、人づき合い、ＳＮＳなどなにかと忙しく、慢性的な〝睡眠不足〟ではないかと思います。「昨日も4時間しか寝てなくて……」と、睡眠時間を削ってまで仕事や遊びに熱中していることを自慢げに話す人もいます。

しかし、それは睡眠時間の重要性を、理解していないから。毎日少しずつ睡眠不足が積み重なる〝睡眠負債〟は確実に重なり、気づかぬうちに体を蝕んでいます。

疲れが取れず、ボーッとして判断力が鈍ったりイライラしたり。数週間の負債で自律神経が乱れ、数か月で免疫機能が弱まり、数年でさまざまな疾病を引き起こします。睡眠不足による、国家レベルの経済損失額が15兆円に上るというデータもあるとか。

個人レベルでも、ちょっと疲れただけで仕事のパフォーマンスが落ち、お金を遣う判断能力に欠け、財布のひもがゆるんでしまう。病気で働けなくなると、それはもうたいへんな経済的損失になるでしょう。

たまった睡眠負債を返済する方法は、「たくさん寝ること」以外にありません。

そのためには、寝る前後をルーティン化するのがいちばん。たとえば夜12時になったら、なにがあっても布団に入る。目覚めたら、すぐにカーテンを開けて朝日を浴びるというように。ランチの後、15〜20分の仮眠もおすすめ。

睡眠時間は、心と体をメンテナンスしてくれる必須時間。「お金のかからない魔法の薬」であり、お金をかけてアンチエイジングや美容に取り組むよりもはるかに効果があります。また、「寝て忘れる」というように、気持ちもリセットしてくれます。

ただし、睡眠は「時間」だけでなく「質」も大事。人生の3分の1は寝ているのですから、良質な睡眠のために、手が出せる範囲で心地いい寝具に投資しても損はないはず。「今日もよく寝た！　調子がいい！」と実感できる毎日を目指しましょう。

良質な睡眠は〝時間〟と〝質〟の掛け算です

62

適度な運動の習慣で〝健康寿命〟と健全な家計を保つ

年齢を重ねるほど、体力、気力の衰えを実感する人も多いはず。健康への不安があると、経済への不安も大きくなってくるものです。

健康を保つ基本は、「食生活」「睡眠」「運動」の三本柱ですが、働き盛りや子育ての世代の多くは、睡眠時間と同様、なかなか運動の時間がとれずにいるようです。

ところが見回してみると、経営者やフリーランスの人ほど、どんなに忙しくても「体が資本」とばかりに、トレーニングジムやスポーツなどに精を出しているのです。仕事の生産性や継続を考えれば、体力を維持する必要があると痛感するからです。

私たちにとって〝健康〟は、いちばんの財産。健康だから、仕事をしてお金を生み出せるし、健全な家計を保てます。

ある友人は「夫が死んで自分も病気になってから、先が不安でお金だけが頼りになった。宗教と健康食品に何十万も払って貯金が目減りした」と言っていました。

心身の健康が崩れると、家計も一気に崩れるのです。

緊急性がないために軽視されがちですが、お金と時間の〝健康投資〟は、どんな年代でも優先事項。睡眠と同じように、運動もルーティン化するといいでしょう。

まずは、1日10分でも、体を動かすことから。トレーニングジムやスクールに行けなくても、朝起きてすぐラジオ体操をする、仕事帰りに歩く、夜、ストレッチをするなど、いろいろな方法があるはず。負担にならない方法を見つけるのが続けていくコツです。

別のある友人は移住した地域にジムがなかったため、〝健康投資〟としてマシーンをいくつか買い込んで小屋を増築。近所の人たちが集う場所になり、助け合うコミュニティも生まれました。健康と人間関係の資産を、同時に維持しているのです。

〝健康投資〟とは将来の健康のために、心と体を元気に保つことです

63

〝余白の日〟をつくって、なにもしない贅沢を味わう

私たちは無意識に「なにかをすること」が贅沢な時間だと考えて、美味しい料理を食べたり、イベントに行ったり、ショッピングをしたりして心を満たそうとしがち。ですが、ほんとうは「なにもしないこと」こそ、究極の贅沢な時間。なんのプレッシャーもなく、心と体を自由にして、ゆっくりと過ごせるのですから。

「なにもしないこと」を贅沢と考えたら、幸せのハードルがぐんと下がり、お金と時間、心のゆとりが生まれるはずです。

週休2日あっても「せっかくの休みだから、時間を有効に使わなければ」とギチギチに予定を詰め込んで、結局、平日以上にヘトヘトに疲れている人もいます。人間、バネの伸び縮みのように力を出すためには〝ゆるみ〟も必要なのです。

週に1日、むずかしければ半日、または月1日など、あえて〝余白の日〟をつくって、「なにもしなくていい時間」という予定を入れてはいかがでしょう。

ひたすらボーッと過ごしてもいいし、その日の気分によっては公園を散歩したり、軽い片づけをしたり、思い出した友人に連絡してみたりしてもかまいません。

私は家にいると、つい家事や仕事が目についてしまうので、読みたかった本をもってカフェに行ったり、ぼんやり過ごすために近くの海に行ったりすることがあります。とくに、自然のなかでぼんやりする時間は、五感でその瞬間を味わうひととき。つくづく贅沢な時間だと感じるのです。

「なにもしないこと」は生産性がないようですが、責任のある決断をする人、創造性のある仕事をしている人ほど、なにもしない時間を重視しています。

リラックスした状態でこそ、脳内は無意識になにかを生み出そうと働いているもの。アイデアやひらめきが生まれるのも〝余白〟からなのです。

「なにかをする贅沢」「なにもしない贅沢」、2つの時間をもちましょう

CHAPTER 6

すっきりシンプルに暮らす生活の習慣

64 水筒やタンブラーを持ち歩く

お金の不安をなくすための一助となるのは、衣食住のあらゆることをお金だけで解決するのではなく、知恵や工夫による解決方法を身につけることです。

なかでも、もっとも簡単で身近な方法のひとつが、水筒やタンブラーを持ち歩く習慣です。「お金が貯まらない」などと嘆いている人に限って、1日何本もペットボトルを買っていることがあります。知恵のある人は価値があると思うものには惜しみなくお金を遣いますが、簡単に解消できるムダには、100円でも払いません。

1本150円のペットボトルでも、毎日、出勤日に買っていたら1か月3000円、1年で3万6000円、10年で36万円にもなります。ペットボトルの代わりに積立投資したら約42万円（3％利回り）で海外旅行ができる金額になるのです。

水筒は重い、準備や洗うのが面倒といったデメリットがあっても、保冷保温の機能がある、好きな飲み物をコマメに取れる、ゴミが出ないなどメリットも大きいもの。

ちなみに私は健康のために、水を沸かしただけの白湯を入れて持ち歩いています。

また、水筒をおすすめするのは、自分のお財布だけの問題ではないのです。150円のペットボトル飲料の原価はいくらかご存知でしょうか。

ボトルが12円前後、飲料が3円前後、大半は人件費や輸送費、広告費など商品以外のお金。そこで働く人よりも資本家がいちばん得をするシステムになっています。

また、プラスチックの原料は限りある石油資源。自然に分解されないので海や山に捨てられると生態系に影響を与え、リサイクルには税金も使われ温室効果ガスを発生させている……と環境への課題もあるわけです。

神経質になる必要はありませんが、少しの手間で経済、健康、環境にプラスになります。自分が支払うお金は納得できるものか、考えてみる必要があると思うのです。

水筒を持ち歩くことは、環境保護に貢献していることにもなります

65

「タダだから」といって、なんでももらわない

「無料でもらえるもの」があると、一瞬、得した気分になるのは事実。街角で配っているティッシュ、化粧品売り場のサンプル品、ホテルのアメニティなど、なんでも「タダだから」というだけでもらってしまいそうになるかもしれません。

しかし、これは〝タダ〟〝安い〟など値段に左右される、お金が貯まらない人の思考パターン。家にあふれているもの、しまい込まれているものは、もらったものや、百均ショップの細々したものが多いのではないでしょうか。

お金が貯まる人は、自分にとって必要でなければ、タダでも一切、受け取りません。なにかを買うときも「これは必要なのか？」とよく吟味する習慣があるので、むやみにものをふやさず、どこになにがあるかわかるようになっています。

「無料だから、損はしていない」と思うかもしれません。

ものを所有することで、それなりの対価を払っていることを忘れずに

しかし、「ものを所有する」ということは、それなりのコストを払っているのです。しまう場所を決めて片づけたり、使用期限を確認したりする時間や、収納するスペースが必要。また、気に入って手に入れているわけではないので、たびたび「使うべきか」と迷い、結局、放置したままになってしまう。ものをふやすことは「決めること」をふやすことで、結構なエネルギーを消耗するのです。

ただし、タダでもらって嬉しいものもあります。基準は「消耗品ですぐに使えるもの」（ティッシュやお菓子など）か「お金を払ってでも欲しいもの」（プレミアの記念品など）。便利そうなマグカップやお皿をもらっても、結局、使わなくなってしまうのは、大量に配られているもので、愛情がわかないからでしょう。

自分のなかで、もらうもの、もらわないものの基準を決めておけば、とっさに差し出されても、迷わずに判断できるはずです。

66

基本的に自炊する

収入や家族の有無に関係なく、将来のために身につけておくべきは、自炊する習慣です。もちろん、経済的な効果も大ですが、体にいい食材を、自分の好きなように調理して、美味しく食べることができたら、生活の質や満足度はまるで違うのです。

「いまは外食やお弁当のほうが安いし簡単」という声も聞かれます。一見、安く感じても、人が調理する料金が入っているのですから、食材の原価はそれなり。なにより、生きる根幹である「食」は、自分で賄えたほうが安心感があります。極端な話ですが、家族と死別した中高年の男性が不安になったり、まわりから心配されたりするのは、料理をしないことが大きいのではないでしょうか。

男子高校で家庭科教師をしている友人がいます。彼女が1年生の最初にやる実習が「フライパンでご飯を炊くこと」。生徒たちは自分で手軽にご飯が炊けることに感動して、家でも再現したり、おにぎり弁当を持参したりするようになるとか。

ほんとうはだれでもできることなのに「料理はむずかしい」「面倒くさい」「時間がかかる」「楽しくない」といった思い込みで、料理から遠ざかってしまうのです。

無精な人が習慣化するには、茹でるだけ、焼くだけといった、ものすごく簡単なものから始めること。朝、昼、夜の基本パターンを決めておくことをおすすめします。

たとえば私は、夜は「酵素玄米＋味噌汁＋一品」が基本。料理と呼べないほど簡単なもので、調理時間はほぼ15分以内です。

基本パターンがあると、メニューに悩まずに済み、買い物の補充もラク。体調や気分で量や味つけを変えることもできます。飽食の時代、質素なくらいがいいのです。

外食やスーパーのお惣菜、お弁当も続けば飽きるもの。「自分で作ったほうが早いし、美味しい」という実感がもてたら、生きる自信にもつながっていくのです。

義務的にするのではなく、料理も食事も楽しむ工夫をするのが続けるコツ

67

地元の旬の食材を優先的に食べる

お金の不安をなくすために、食生活で気をつけることは、「できるだけ自炊をすること」と、もうひとつは、「地元の旬の食材を優先的に食べること」です。

なぜなら、それが「いちばん安くて、安全で、美味しくて、栄養価が高い」から。人間本来の自然な生活に近くて、コストもいちばんかからないでしょう。

食料品でも、ものでも人の手を介するほど、距離が遠くなるほど、コストがかかるのは当然のこと。なのに、外国産の食品や加工品が安いのは、広大な土地での大量生産、機械化や安い賃金で生産コストを抑えるカラクリがあるから。

野菜や海産物の生産国がどこなのか、加工品はどう製造されてどんな添加物が入っているのかわからないまま食していると、健康リスクもあるはず。近年、がんや生活習慣病が増加傾向にあるのも、食生活が少なからず要因になっているはずです。

江戸時代から「三里四方の食によれば病知らず」という教えがありました。人が歩ける三里（約12キロ）以内の身近なところでとれる、新鮮な野菜や肉、魚を食べれば、栄養価も高く、健康でいられるということ。車も鉄道もない時代、新鮮でないもの、季節外れのもの、他の土地のものは敬遠しようとする知恵があったのでしょう。

たまに海外のめずらしい果物やお菓子を食べるのは楽しいものですが、普段は地元の新鮮な食材を選んだほうが、生産者の顔が見えるような安心感があります。

都会のスーパーでも、近隣の地域でとれた旬の新鮮な野菜や魚がたくさんあるはず。せめて国産の良質なものを選ぶだけで、食生活はよりゆたかになります。

私は野菜、果物、肉、魚、米、お茶など馴染みの生産者がいて、直接、買いに行ったり、遠くの場合は送ってもらったりします。するとおまけに不格好な野菜を山ほどもらうことや、美味しい食べ方を教えてもらうこともあります。生産者とつながるチャンネルをもっておくことも、古典的な知恵かもしれません。

〝地産地消〟は、地域の文化と経済を守ることでもあります

68

服は流行よりも〝自分スタイル〟を追求する

賢いお金の遣い方をしている人の見た目の特徴としてあげられるのが、〝おしゃれ〟なこと。といっても高級ブランドや流行の服を着ているわけではありません。

だれもが手に入れられる価格帯の服ではあるけれど、着るのは自分をより〝魅力的〟に見せてくれるアイテムを選び、自分の体型や内面をよく知っているのでカッコよく、美しく見える。「私はこんなスタイルが好き」と自分の世界観をもっているため、ムダなく、優れた〝コストパフォーマンス〟を発揮するのです。

よく「コスパがいい＝価格が安い」と勘違いしていますが、ほんとうの「コスパがいい」は、その費用（コスト）に対して、効果（パフォーマンス）が高いこと。

だから、バーゲンで手に入れた服でもタンスの肥やしになったり、ほかの服と組み合わせができなかったり……と活用できなければ、コスパが悪いことになります。

勝負服を一着と、普段着の基本パターンをもつとムダがなくなります

おしゃれな人は、服は自分を演出して、まわりからの信頼を得られるもの、自分の気分を上げてくれるもの、仕事や生活の質を高めてくれるもの……とひとつの〝投資〟だと理解しているので、服を買うときにも自分なりのこだわりが生まれます。

たとえば、自分のファッションの方向性や〝定番スタイル〟〝ベース色〟を決めているとクローゼットの服が少なくても、コーディネートが容易になります。

また、服にお金をかけなくても、毎日使う靴、アクセサリー、バッグなど一点にこだわる人も多く、大人の品格を感じさせます。

ほかにも、かならず試着してサイズが合っているもの、家で洗えて型崩れしないもの、動きやすく肌触りのいいものなど、それぞれの〝費用対効果〟があるでしょう。

服は価値を生み出す〝投資〟ですが、センスも問われます。自信がない人は、最初はだれかに客観的なアドバイスをもらうことをおすすめします。

69

クローゼットの適正量を決めて、それ以上はふやさない

ついムダな買い物をしてしまい、活用できないことの大きな原因は、家にあるものが多すぎること。たとえば、クローゼットに服がぎっしり詰まった状態だと、どこになにがあるのか把握しきれなくなり、似たような服や、コーディネートしにくい服を買ってしまいます。

お金の管理ができている人は、ものの管理もできているもの。適正量を決めていて、それ以上はふやさないことにしているのです。

クローゼットは、服や下着、靴下、バッグなど余裕をもって収まる程度の適正量にして、それをキープ。手持ちの服を厳選すると、使用頻度が高く、日々のコーディネートであれこれ悩まなくなります。

服が数多くあると「たまにはこの服も着なきゃ」と服に振り回される感覚になりま

す。「ものを所有するだけで管理コストがかかっている」という考えは、ベースにもっておいたほうがいいでしょう。

本も、適正量を決めなければ、どんどんふえていくもののひとつ。私も本棚を買い足したい気持ちになることがありますが、よく考えると、何度も読み返す本はそれほど多くないのです。存在すら忘れている本もあるほど。新しい本がふえて、本棚からはみ出した分は、リサイクルか人に譲るかで処分します。

食器類、調理器具、タオルなども収納スペースに収まるだけの量に調整しましょう。ティッシュや洗剤などの消耗品は安いときに買いすぎてしまいがちですが、一定量を超えると在庫確認がしにくくなります。

管理の基本は、〝所有量〟。適正量を守れば、時間も使うお金もスリムアップできるのです。厳選したお気に入りのものだけで暮らす快感を、ぜひ味わってください。

服やものの量を減らすと身軽に感じるのは、
心の負担がなくなるからです

70

「3秒以内に捨てる」習慣で、〝取捨選択〟のクセをつける

「お金持ちの家はものが少ない」などと言われることがありますが、多くの人はなんとなくイメージできるはず。テレビドラマや雑誌に出てくるリッチなお宅は、広いこともありますが、床や壁面が広く露出していて余裕を感じさせます。対して、経済的に余裕のない家庭ほど、細々した生活用品が山積みされていたり、ひどい場合は足の踏み場がなかったりします。

私も、もともとは、ものを捨てられない性格でした。手放すことは、ときに痛みや不安を伴うもの。「いつか使うかも」「もったいないから」という気持ちもあり、捨てる決断を先送りするうちに、どんどんものがふえていきました。

しかし、それらのほとんどは使わないもの。あれもこれもとっていると、ほんとうに必要なもの、大切なものが紛れてしまい、見つけにくくなるのです。

お金や時間の余裕を自らつくってきた人は、〝取捨選択〟ができる人といえます。

仕事も生活もなにを取り入れて、なにを捨てるか判断することの連続。自分にとって大事な部分にお金と時間を集中させて、あとは切り捨てる勇気が余裕をつくります。また、夢や目標を叶えたい人、自分の会社や家族など守るものがある人など、なにかを得ようとするなら、なおさら「捨てる勇気」が必要でしょう。

そんな〝取捨選択〟をするためにも、まず「3秒以内に捨てる」習慣をおすすめします。捨てる判断基準は「いま、使っているか」がすべてです。「これは半年使ってないな」などと思ったら、その場で3秒以内に捨てて。ゴミ捨てや掃除の前に家をぐるりと一周してチェックするのもおすすめ。思い出の品などは厳選して小さな〝思い出ボックス〟を作るか、写真に撮ると捨てやすくなります。「要るもの」「要らないもの」を仕分けして、少ないもので暮らそうとする習慣は、お金の不安も小さくしてくれるはずです。

「選択する＋集中する」習慣で、お金と時間と心の余裕を生み出しましょう

71

「片づける習慣」「あえて片づけない習慣」で面倒くさがりをカバーする

ある友人が「久しぶりに家を片づけたら、ハサミが4本出てきた」と言っていたことがありました。ハサミを使うときに捜したけれど見つからなくて、つぎつぎに買っていったというパターンでしょう。

そうなる原因は、いうまでもなく〝整理整頓〟ができていないから。

冷蔵庫のなかも食品が雑然と重なっている状態では、なにが、どれくらいあるか把握できなくて、フードロスを生み、調理の作業効率も悪くなるはずです。

整理整頓の習慣こそ、お金と時間のロスを生まないために身につけたいもの。「一つひとつの置くべき定位置を決めて、出したらすぐに戻す」という流れさえできれば、散らかることはありません。ハサミも調理器具も使ったら、定位置に戻す、買い物してきたら、野菜、調味料など仕分けして、それぞれの定位置に置くというように。

ただし、〝定位置〟の場所が問題。置く場所がわかりにくかったり、奥にしまわれていたりすると、「なぜかいつもものを捜してイライラしている」ということに。

私も極度の面倒くさがりなので、よく使うものは「身近な場所に置く」ようにしています。洋服も調理器具も、冷蔵庫の食品も、使用頻度の高いものを手前にすると、片づけるのも取り出すのもラクなのです。

もうひとつのコツは、あえて片づけないこと。たとえば、読みかけの本、メモ帳やペンなどデスクの上にそのまま置くことで、すぐに手に取れます。最近は笛の練習をしているので、目につくところにむき出しに置いて、2、3分ちょこちょこと練習。いちいちケースに入れて棚にしまうと、練習をするのが億劫になります。

整理整頓の目的はしまうことではなく、出しやすくすること。最低限、ものがある場所がわかればOKという程度にゆるく構えて、フットワークを軽くしましょう。

ストレスにならない程度に、見やすく取り出しやすいざっくり収納がおすすめです

72

「売ります」「あげます」のチャンネルをもつ

消費者庁の「サステナブルファッションに関する消費者意識調査」によると、いちばん多い服の処分方法は「タンス等にしまい込んでいる」が約5割。「可燃ゴミとして捨てる」が2割、「フリマアプリやリサイクルショップで売る」は1割。男女とも約半数が古着購入に抵抗があり、とくに年齢層が高くなるほどその傾向が強いとか。

ものを処分する方法は「捨てる」「売る」「譲る」の3つ。「結構、高かったんだけど」「まだ着られるのにもったいないな」などと考えてしまう人は、「捨てる」以外の選択肢があると決心がつきやすいものです。

たとえば、リサイクルショップの買取に出す、フリマアプリやネットオークションに出品する、宅配買取サービスで送る、フリーマーケットに出店するなどの方法があります。面倒なようですが、一度、体験してみると、捨てるつもりの商品に値段がつき、お金が振り込まれることに感動します。

じつは私のもっている服の半分は、友人がやっている被災地支援のチャリティショップで購入したもの。1年着ない服はもっていって委託販売してもらい、別な服を友人にコーディネートしてもらって買ってくるので、あまり衣服費がかからないのです。海外で暮らしたときは、近しい友人に服や雑貨をあげたりもらったりすること、マンションのロビーに「欲しい人はもっていって」と貼り紙をして置いたことも。

単にお金の問題ではなく、「喜んでくれる人がいればいい」という思い。それに、身近なところでものを循環させる〝文化〟があると、なにかと心強いものです。「これ、あの人に合うかも」「もらってくれるかな」と気にかけ合う人間関係が、お金に代わる〝資産〟になります。ただし、自分がいらないからといって押しつけるのは禁物。「それはいらない」と言い合えることも信頼関係です。

捨てるくらいのものなら、高く売ることにこだわらないようにしましょう

73

お金をかけずに、普段の生活を「ちょっと贅沢」にする

「お金をなんのために遣うか？」と考えると、ひとつは、自分や家族が生きていくため。もうひとつは、心の満足を得るためです。

よく「たまには贅沢がしたい」「自分へのご褒美にプチ贅沢！」などと言って、高価な食事やショッピングなど〝贅沢〟をすることで、満足を得ようとする人がいます。

しかし、学生のころは1000円のランチでも贅沢気分でいた人が、社会人になってちょっとした贅沢に慣れると、3000円、5000円と上がってしまうもの。

「生活水準を上げるのは簡単だが、一度上がった生活水準を下げるのはむずかしい」などといわれます。人間は失うことに痛みを感じるので、贅沢癖はなかなか抜けない。ストレスが大きいと、買い物依存症になってしまうこともあります。

そうならないために、収入がふえても、生活水準をあまり変えないことが大事。

そして、少ないお金で、またはお金を遣わずに〝贅沢な気分〟を味わうコツを身に

つけたら、生涯にわたって、ゆたかでエコな生活ができるはずです。

〝贅沢〟は、お金を遣わなくても、普段の生活のなかで手に入るのです。

たとえば、夕方、近所の公園に行き、持参したコーヒーを飲みながら、空の色が夕陽で移り変わっていくのを眺めていると、ものすごく贅沢な気分に浸れます。

友人を呼んで旬の果物を味わう、部屋に花を飾る、好きなアーティストの新しいアルバムをじっくり聴く、キャンドルを灯してお風呂に入る、特別な日に母から受け継いだ料理を作るなど、自分なりの〝スペシャル〟をつくることはできます。

「せっかくだから」と考えることで、普段のことに「プラスアルファ」して、簡単にプチ贅沢は味わえるのです。自分のご機嫌は自分でとるもの。心が安定していれば、お金を遣う機会もぐんと減り、将来への不安もいくらかやわらいでいくはずです。

お金で買う贅沢はたまに、お金で買えない贅沢はたくさんもちましょう

74

お金をかけない〝遊び〟を趣味にもつ

「なんとか生きていける」と思うために、身につけるべきスキルはつぎの4つ。「仕事のスキル」「生活のスキル」「人間関係のスキル」、そして、もうひとつは、「遊びのスキル」です。「遊び?」と思うかもしれませんが、「お金をあまりかけなくても楽しめる」というのは、将来の不安を解消する最強のスキルなのです。

現代人は遊興施設や飲食店など、消費活動によって手軽に楽しむ遊びに慣れているので、「お金がないから遊べない」となってしまう。だから時間があっても持て余したり、家にこもったりして、遊びを満喫している感覚が乏しいかもしれません。

遊びは大きく分けて「能動的な遊び」と「受け身の遊び」があります。

「能動的な遊び」とは、読書、楽器演奏、工作、将棋、スポーツ、演劇鑑賞など、なにかを生み出すことや、新しい発見や成長で、喜びを感じるものです。

「受け身の遊び」はテレビ、パチンコ、ゲーム、ショッピングなど、なにかを与えてもらうことで喜びを感じるもの。ラクに快感が得られるので、依存性もあります。

自分で「知る」「学ぶ」「作る」「体験する」「生み出す」など、能動的な遊びを習慣にしたほうが、人生お得なはず。楽しみや喜びは無限に生み出せるのですから、「お金はそんなにないけど毎日楽しい」となるでしょう。

幼いころは日が暮れるまで絵を描いたり、探検ごっこをしたりして、なにもなくても自分で遊びをつくって、夢中になっていたのですから、きっと忘れているだけです。ワクワク好奇心をもって自分の世界を広げていく快感もまたクセになります。遊びの種類は変わっても、死ぬまでそんな快感は味わっていたいではありませんか。

さらに一緒に楽しむ仲間がいると、楽しみも倍増。視野が広がり、クヨクヨ悩みにくくなります。遊びは、毎日の活力になって、私たちを支えてくれるのです。

遊ぶことで幸福度が高まり、さまざまな生産性が上がります

75

自然に触れて、生きる力とゆたかさをもらう

自然災害やパンデミックが起きたこと、リモートワークが浸透してきたこともあり、地方に移住する人がふえました。都会の経済的なゆたかさとは別の、自然のそばで暮らすゆたかさを求める人が多くなっているように感じます。

東京から地方に移住した夫婦は「自分たちで食べる分の米と野菜を作れば、お金がなくてもなんとか生きていけると思った」と言っていました。なんとか生きるどころか、たくさん収穫した野菜や、手作りのジャムを売るほどになっています。

そもそも人間も動物であり、自然の一部。本来、食料や住みやすい場所を求めて移動する生き物です。そんな人間らしい生活を求める本能もあるのかもしれません。

私は刺激的な都会と心がゆるむ地方、それぞれ好きで、数年おきに交互に暮らしています。経済的な面からいうと、地方の生活はまさに〝コスパ〟がいい。恵まれた住環境や新鮮な食料が安価なのはもちろん、きれいな水、美味しい空気、美しい花々、

癒される景色など、自然を毎日、ほぼ無料で堪能できるのです。

都会で暮らしても、週末に自然のなかで過ごすだけで、体や心の疲れが癒され、頭がクリアになり、生きる力がわいてくるのを実感します。

自然は巨大な〝学校〟〝テーマパーク〟でもあります。私たちが望めば、優れた自然の仕組みや自然哲学を教えてくれるし、海や山は工夫次第で最高の遊び場になります。つまり、自然から与えてもらう恩恵は計り知れないわけです。

街の生活でも公園や河原など、自然を感じる場所はあるはずです。ストレスでしんどくなったら、お酒やギャンブルに走るよりも、木立のなかを歩いてみましょう。遊びに行く場所がなければ、おにぎりをもって、ピクニックにでも行きませんか。

自然と仲良くすることで、お金で買えないゆたかさや幸福感を享受できるのです。

自然とつながることは不安をなくして、自己肯定を満たす効果もあります

76

よく笑い、よく笑わせて、お金と運を引き寄せる

昔から「笑う門には福来る」というように、いつも楽しそうに笑っている人の家には、おのずと幸せがやってくると言われてきました。七福神のひとりで商売繁盛のご利益がある恵比須様も「えびす顔」といって、大らかな笑顔です。

あたりまえすぎて意識している人は少ないようですが、じつは〝笑顔〟は、幸せだけでなく、とんでもない経済効果ももたらしてくれるのです。

理屈抜きに、だれでもムスッとして笑わない人より、いつもご機嫌で楽しそうに笑っている人と一緒にいたいでしょう。この「一緒にいると楽しい、心地いい」と思われることは、ひとつの才能。お金以上の〝資産価値〟があるのです。

笑顔の絶えない職場は生産性が高く、離職率が低いといいますが、笑うと、脳が活性化して積極的な思考になり、アイデアが生まれやすいのです。また、自分だけでなく、まわりに明るい空気が伝わって、打ち解けやすく、助け合う環境になるもの。

心と体の健康にも効果バツグンで、笑うことで免疫機能が高まり、困難やストレスに強く、悩みにくくなることが証明されています。

笑顔があると、コミュニケーションも円滑になります。指摘や忠告をしたり、断ったり、頼んだり、交渉したり……と、むずかしい場面こそ、笑顔は有効。「真剣なときは笑ってはいけない」と言う人もいますが、表情がないと、心が冷え切ったまま。そんなときこそ、心を開いて、笑顔で話し始め、笑顔で終わることが必要なのです。

笑顔やユーモアは性格の問題のようですが、笑顔になろう、面白いことを見つけようとする習慣の問題です。よく笑い、よく笑わせる人は、相手をよく観察していて喜びを与えられる人なので、仕事もうまくいきやすく、家族や友人にも愛されます。

「笑い」はお金をもたらす最高のギフトなのです。

笑いやユーモアは、自分もまわりも元気にしてくれます

77

小さな〝社会貢献〟をする

できる範囲で小さな社会貢献をやっていると、自分に経済的な利益はなくても、「世の中を少しだけよくする力になれた」という小さな満足感があるものです。

自分や家族のためにお金や時間を使うだけでは、〝恩送り〟のサイクルは閉じていますが、それを超えた人たちが「少しでもよくなってくれたら嬉しい」とサイクルを広げると、めぐりめぐって、なにかいい影響が返ってくるような、広い視点になります。

お金は〝天下の回り物〟で、いまないからと悲観するものでも、あるから独占するものでもありません。たまたま恵まれた人、たまたま弱い立場の人もいるのです。

「社会貢献」といっても、ボランティア活動やお金の寄付だけではありません。

クラウドファンディングや地域の活動に参加する、保護ネコを預かる、本を寄付する、防犯の見回りをする、チャリティイベントに参加するなど、さまざまな活動があります。

国語教師の友人はプライベートでも月1回、それぞれが好きな本を朗読する「朗読カフェ」を開催。いつも人のために動いているので人望が厚く、大きなイベントをするときは「あの人がやるなら」と協力する人が集まるのです。

自分の得意な分野で「それならできるよ」と気軽に手を貸したり、自分もかつては当事者だったから「同じように困っているだれかを助けたい」とサポートしたり……と、自然な流れで生まれる社会貢献もあるかもしれません。

大事なことは完全なる〝傍観者〟にならないこと。地域のこと、困っている人のこと、子どもや高齢者のことなど、すべてに対して「自分は関係ない」と背を向けていると、社会とのつながりが感じられず、心は冷えていくでしょう。

社会貢献を通して世の中に向けられるやさしさと、「自分もいくらか役立っている」というささやかな誇りは、自分を支え、元気にしてくれるのです。

社会貢献は他者への貢献だけでなく、やった本人の健康と幸福に貢献します

78

「手間をかけるゆたかさ」と「お金で買えるゆたかさ」を知っている

私の友人には、手間暇かけることが苦にならない人たちが多くて頭がさがります。たとえば、野菜を天日干しにして美味しくする、味噌醤油は自家製、自作の器でもてなし、ドラム缶でストーブを作る、家をまるごと建ててしまう人もいます。そんな手作りのゆたかな生活に触れると、しみじみ感動。〝手間〟と〝時間〟は偉大な価値であり、その人のスキルや、受け継いできた知恵も詰まっているのです。

彼らは節約のためではなく、ただそれが好きで喜々としてやっている人たち。手間暇かけられるのは「手間暇かけたい」「好きだから」という気持ちが前提で、ふんわりした憧れや節約ではそんな暮らしは成り立たないでしょう。

私が幼いころは、母親がよそ行きの子ども服を縫ってくれたり、父が竹でおもちゃを作ってくれたりしたものですが、まだ〝文化〟として残っていたのかもしれません。

ただ、よっぽど嬉しかったのか、そのときの記憶は、鮮明に残っているのです。手間暇かけるというのは、ひとつの愛情表現。生活に手間をかけるのが苦手な私でも、「ちょっと手間をかけたい」と思うことはあります。大切な人に手紙や贈り物をするとき、友人との旅の動画をつくるときなど、結局、自分の得意なところ、人に喜ばれるところが〝手間をかけたかい〟になるのでしょう。

一方で、お金で買えるゆたかさがあるのも事実。お金を支払って他人の手を借りることで、自分が生み出す以上のものやサービス、時短、便利さを与えてもらえ、選択肢は無限に広がります。お金で得られる経験や学びもあるはずです。

「手間をかけるゆたかさ」「お金で買えるゆたかさ」、それぞれのゆたかさの性質を知って、自分なりのお金と手間をかけるポイントを見つけていきたいものです。

手間をかけられるのは、幸せなこと。愛情の〝お裾分け〟もできます

CHAPTER 7

明るい未来をつくり出す考え方の習慣

79

「お金が少ししかなければ、それはそれでいい」と思える生き方を目指す

「お金の稼ぎ方も、遣い方もうまいな」と感じる人たちに共通しているのは、お金が最優先ではないこと。彼らは、お金があってもなくても、同じように意欲的に働くし、生活は意外に質素で、その分、とことん自分に投資をします。

「お金が少ししかなければ、それはそれでいい」というスタンスで、できる範囲内で楽しむことを見つけるし、お金を生み出していく術も見つけるはずです。

「お金が少ししかなくてもいい」というのは、万が一、一時的にそうなってもなんとかなるという意味で、働きもせずに遊んで暮らしたり、貯金をせずに浪費したりしているわけではありません。お金は大切なもので、選択肢を広げくれる可能性に満ちたものだということもじゅうぶんわかっています。

つまり、お金は幸せになるための〝手段〟であって、〝目的〟ではないのです。

「お金がなくて不安」という人は、老後にいくら必要なのか？　生涯年収はいくらな

のか？　とお金の計算ばかりしていて、ものすごく重要なことを見失っています。

それは、「自分がどんな人間でありたいのか」ということ。お金がゼロになったときに、自分になにが残るのかを考えると、そこに不安の本質があるように思います。

〝お金に選ばれる人〟は、いつも「自分はどう生きるのか」「どんなふうに人に貢献するのか」と考え続けています。結局、信頼に値する人であれば、お金はいくらでもふえるし、お金に代わる人の好意や手助けも自然に集まるのです。

「信頼でお金をふやせるが、お金で信頼はふえない」というのがお金の本質です。

「お金だけが頼り」となる人は、自分よりお金を信頼しているのでしょう。

お金がゼロになっても、だれもが〝資産〟をもっています。健康、家族、友人、仕事の知識やスキル、生活能力、知恵、愛情、ユーモアなど「だれかを喜ばせること」に変換して〝信頼貯金〟を重ねることは可能なのです。

「だれかを喜ばせること」を考え続けていれば、お金に選べる人になります

80

「漠然としたお金の不安」は〝力〟に変える

「漠然としたお金の不安」がある人は多いと思います。

それ自体はいけないことではありません。〝不安〟という感情は、「気をつけて！」という注意信号。大事なのは、不安に押しつぶされず、現実的に対処することです。

ただ不安がっている人に共通するのは、対策を打たずにじっとしていることではないでしょうか。不安はそれに向き合い、「いま、やるべきことをやろう」と動いているときには、なくなるのです。

お金があるかよりも重要なのは、つぎの3つの生きる力をつけることでしょう。
①「お金を稼ぐ力」を身につけること。
②「少ないお金で暮らす力」を身につけること。
③「いまあるお金をふやす力」を身につけること。
③は、貯金ではなく、株や不動産に投資することで、いくらか知識をつけることは

必要ですが、投資家やＦＩＲＥでもない限り、これだけでは生き抜けないでしょう。

私は元気で働けるうちは高齢でも①に時間をかけるのが、いちばん効果があると感じます。働けなくなるのが最大のリスク。多くの組織人は「収入はふえない」と思い込んでいますが、力をつけて転職したり、副業や起業、フリーランスなどいくらでも方法はあるはず。どんな職種でも信頼される仕事をすれば、お金はついてくるでしょう。焦ることもありませんが、軌道に乗るまでは集中する時間も必要です。

また、稼ぐことに限界を感じるか、働きたくないなら、②を強化する道もあります。収入が少なくても、やりくり上手になり、生活の知恵やスキルをつければ、楽しく生きていけますから。極端な話、自給自足する能力がつけば、お金は必要ないのです。

どの道、動かなければお金は降ってこないので、自分がいちばん苦にならず、楽しめる方法で。自分の可能性を探りながら、生きる力を備えてください。

生きる力さえつけば、どんな未来がやってきても大丈夫です

81

「お金がないから」「時間がないから」「若くないから」は禁句

これを禁句にしたらお金が回り始めたと実感するのは「お金がない」という口癖。あなたのまわりにもいないでしょうか。「やりたことはあるけど、お金がない」「お金がないから、旅行にいけない」などと言っている人が。

「お金がない」というのは、厳しい言い方をすると、自分への言い訳。言い訳していれば、行動しなくていいし、失敗することもありませんから。

「やりたい」と思うのなら、可能性はゼロではないということ。本気なら、お金がなくても、どんな手段を使ってでも実現しようとするでしょう。

「お金がない」を口癖にしていると、「お金に縁がなく、管理もできない人間」と自分自身に刷り込んでいるようなもの。なによりカッコ悪いし、まわりからも信用されず、声もかけられなくなります。

私は「お金がない」「時間がない」「若くない」など一切の言い訳と、なにかのせいにすることをやめてから、人生が180度変わったといっても過言ではありません。

最初は世界一周の船に乗りたいと考えたとき、スタッフとしての乗船が実現。留学するときは、奨学金をもらって。個展を開くときは友人に額を作ってもらいました。

簡単にあきらめるのではなく、「もしかしたらできるかも?」と思うことが始まり。言い訳をしないと決めたら「ほんとうにお金がないのか?」「お金をつくれないか?」「お金を遣わずにできないか?」と、頭をフル回転して考えるようになります。

うまくいったことも、いかなかったこともありますが、結果よりも「やるだけやった」という満足のほうが大きいもの。そんなふうに動いていると、見ている人は見ていて、どこからか手助けやチャンスが舞い込んでくるものです。

お金というのは、交換するための手段で、問題解決のひとつにすぎません。

言い訳をやめると、信頼と一緒にお金も引き寄せられてくるのです。

「お金がない」は、あなたの能力を封印する呪いの言葉です

82

「大きな目標」を設定し、それに向かう「小さな行動」を書き出す

最初は不可能に思える目標でも、目標としてハッキリ紙に書き出すことで、イメージがわいてきて、実現しやすくもなるのです。

受験生が「〇〇大学合格」と紙に書いて、目につく場所に貼っているように、お金を生み出してきた人たちの多くも、夢や目標をはっきりさせています。

メジャーリーグの大スター選手が高校1年生のときに、〝マンダラチャート〟という目標達成シートを使って、「ドラフト1（位）8球団（指名）」という目標を書いたのは有名な話。マンダラ模様のような9×9のマス目の中央に「成し遂げたいこと」を記入して、そのまわりに必要な「8つの要素」を書き、さらにそれぞれの要素に必要な「8つの行動目標」を書きます。

8つの要素のひとつ「運」には、「あいさつ」「ゴミ拾い」「本を読む」「審判さんへの態度」などの行動目標があり、高校生が書いたとは思えないほどの的確さ。

こんなふうに、ほんとうに達成したい「大きな目標」と、すぐにでもできる「小さな行動」を書き出すことで、「いま、なにをすればいいか」が明確になります。

たとえば「3か月の長期海外旅行」→「100万円貯金」→「週1回アルバイト」「フリマアプリで売る」「週6日自炊する」など、さまざまな行動があります。

仕事のスキルを身につけるときや、家を買うときなど、お金に関することは、「目標」と「いま、やること」を明確にして実行すれば、ほぼ解決できる問題です。

紙に書き出すだけで、目標にフォーカスするように、そこに必要な人、情報、チャンスが集まってきます。予想もつかない意外な方法で解決できることもあるのです。

注意すべきは、〝本気〟で叶えたい〝具体的〟な目標を書くこと。「小さな行動」は簡単にできることにすること。一歩踏み出すのが大事で、あとは流れが生まれます。

どんな大きな目標も、小さな行動の積み重ね。あなたらしい挑戦を楽しんでください。

目標に近づくには、「いまこの瞬間、なにをすればいいか」を考えるだけです

83

どんなことからも「ありがとう」を見つけて口にする

お金をもっとも引き寄せると確信する言葉が「ありがとう」です。

お金に好かれる人は、家族や同僚、カフェの店員さんにも、にっこり「ありがとう」と言っている印象があります。とくに身近で「ありがとう」と言われている人は、「あなたは私にとって価値のある人ですよ」という賛辞のシャワーを浴びているようなもの。当然、「この人にはよくしてあげよう」と思うでしょう。

富裕層向けのビジネスをしている人が、「経済的にゆたかな人はクレームが少ない。きちんと意見は言うが『丁寧に対応してくれてありがとう』と収める余裕がある」と言っていたことありました。「金持ち喧嘩せず」といいますが、余裕があるから喧嘩しないのではなく、争うのはリスクだとわかっている人が、金持ちになるのです。

「ありがとう」という言葉は、人間関係を潤してくれるだけでなく、自分自身でつぶやくことで、心のバランスをとり、明るく保ってくれる作用があります。

失敗しても「いい経験ができた。ありがとう」、人と別れるときも「楽しい時間だった。ありがとう」、窮地に立っても「まわりに支えられている。ありがとう」など感謝することで、〝自分がいまもっているもの〟に目が向きます。

「足るを知る者は富む」という諺もあります。

人間は本能的に〝足りないもの〟に気持ちが向くようになっています。そこにとらわれると、自分で自分を苦しめ、〝足りているもの〟が見えなくなります。

「足りない」という飢餓感や欲望は強いエネルギーになりますが、大事なのは、その欲望がいまの自分のとって必要か、ただのないものねだりかを仕分けすることです。

感謝する習慣のある人は、ほんとうに欲しいものだけに欲の力を発揮して、あとは満ち足りた気分で過ごすから、富むことができるのです。

足りない〝感覚〟でなく、足りている〝思考〟でいることは、自分を救います

84

あえて「最悪の事態」を予測する

「ポジティブなことしか考えないようにしましょう」「いいことを考えればいいことを引き寄せる」など啓発本などでよく見かける思考。間違ってはいないと思います。

しかし、これは行動する段階のこと。人生を歩いていくためには、計画の段階で〝落とし穴〟があることもわかって、それを避けたり、落ちても軽傷で済むようにしておいたりする必要があるのです。

とくにお金の面では、あえて「最悪の事態」を想定する必要があります。

たとえば、夫婦で家やマンションを購入して、離婚するときにもめるのはよくある話。あとで「こんなはずじゃなかった」とならないためにも、予防線を張っておくのは、ひとつの責任なのです。

ほんとうのリスクヘッジとは、起こってから対応することではなく、起こらないように気をつけること。万が一、離婚したときのお金の配分などを考えることも大事ですが、まずは離婚しないようにコミュニケーションをとることのほうが先でしょう。

これまで心理学の研究でも、「楽観的な人は成果をあげやすい」とされてきました。「自分はできる」「うまくいく」と信じることがパワーになり、不安にとらわれないからです。しかし、一方で「心配性で悲観的な人も成果をあげる」ともいわれます。「これができていない」「まずい。もっとがんばらなければ」と考えて動く人は、不安が原動力になるのです。心配性でしっかり確認する人も、ミスが少ないでしょう。「ああ、もう自分はダメだ」と悲観にとらわれて行動できなくなるのが問題なのです。

悲観的に計画して、楽観的に進む人がもっとも成果が大きいといいます。

悲観的に考える人は、楽観的な人に比べて不安やストレスを感じることも多いもの。ですが、その分、うまくいくことも多く、人生の満足度、幸福度も大きいのです。

「面倒なこともあるが、幸せなことも多い」という人は幸せもお金も倍増します

85

「死ぬまでにやりたいことリスト（バケットリスト）」を更新している

有効なお金と時間の使い方をするため、自分の人生を満足感のある、納得のいくものにするためにも、ぜひとも習慣にしてほしいのが「死ぬまでにやりたいことリスト（バケットリスト）」を作り、それを更新していくことです。

映画「The Bucket List　最高の人生の見つけ方」では、自分のやりたいことよりも、家族や仕事を優先してきた二人が余命宣告をされて、やり残した「バケットリスト」を紙に書き出し、それを実現するための冒険に出るストーリーが描かれています。

どんな年代であっても「人生の時間には限りがある」ということを意識して過ごしたいもの。そのほうが背筋を伸ばして、より多くのことが実現できるはずです。

リストはスケジュール帳でも、特別なノートでも、紙に書いて壁に貼ってもかまいません。「どうしても叶えたい」という目標とは違って、「いつか叶ったらいいな」というゆるいものを、いくつ書いてもOK。ポイントは、この時点でお金や時間のあるなしは考えないこと。純粋にワクワクするリストにしましょう。

それだけで、自分の求めているものが可視化できるようになり、ふと考えている思考の質が、重要度の高いものになるのです。

リストを作るのは、オート制御された無意識の電動自動車に、行き先をセットするようなもの。労力をかけなくても、いいタイミングで、お金や時間や人が集まり、パタパタとうまくいくことが重なって「気がついたら、叶っていた」という感覚です。

じつは私も20年ほど前からこの習慣があり、最初に書いたリストはほぼ実現しています。「本を書く」「留学する」など、最初は「まさかね」と思っていることも、いつの間にか射程範囲になり、あたりまえになっている、魔法に近い威力を感じます。

ときどき更新すると「新しい夢」や「もう必要のない夢」も出てくるので、先延ばししすぎてはいけない。「まさかね」と思いつつ、試してみませんか?

「バケットリスト」は達成よりも“いま”を楽しむことに大きな目的があります

86

「お金で買える幸せ」「お金で買えない幸せ」を知っている

「多くのものをもっていて、お金があるのが幸せ。お金がないのは不幸」という価値観は、なんとなく人の心のなかに刷り込まれているようです。しかし、「お金ですべての幸せを買えるわけではないこと」も、なんとなく理解しているでしょう。

私は会社員を辞めて世界を取材しながら旅していたとき、東南アジアの最貧困地域の人たちが、経済大国の会社員よりも幸せそうなことに衝撃を受けました。まぶしいほどの笑顔で大人は生き生きと働き、子どもは元気に走り回る。夕涼みの時間は外に出てゆっくり過ごし、家族そろって食事をする時間をなにより大切にしていました。

幸せは「どんな状態か」ではなく、「自分がどう感じるか」で決まると思ったのです。

ただ、「お金で買える幸せ」があるのも事実。欲しいものは買えるし、安心安全な暮らしも手に入る。お金を払ってこそできる経験や学び、医療もあります。

自分のできないことを他人にやってもらって時間を買うこと。プレゼントや人助けなど他人のためにお金を遣うこともできるでしょう。お金があることで、やりたいことをやる選択肢がふえて、人生をよりゆたかにできるのです。

一方、「お金では買えない幸せ」とは、どんなものがあるでしょう。

夢を見て夢中で生きる幸せ。人を愛せる幸せ。子どもの卒業式で成長を感じる幸せ。仕事のあとに一杯のビールを飲む幸せ。30年ぶりに会った同級生と互いの健闘を讃える幸せ。初マラソンを走り切った幸せ。年老いた親と公園を散歩する幸せ……。

美味しいものを食べて「幸せ」と感じる〝快楽〟とは違って、ほんとうの〝幸福感〟は、自分の力を尽くすことや、あたたかい思いの先にあるように思います。

お金で簡単に手に入らない幸せだから、人間にとって本質的な価値があるのでしょう。どちらの幸せも知性があってこそ、その真価を発揮できるのかもしれません。

人とのつながり、自分を生かすことなど本能的な欲求に幸せのヒントはあります

87

「お金がなくて陥る不幸」「お金があって陥る不幸」を知っている

「お金があれば、不幸にはならない」と思う人もいるかもしれませんが、お金があってもなくても、どんな状況でも光と影があり、プラス面、マイナス面があります。

お金は人生をゆたかにしてくれる道具ですが、遣い方を間違うと、自分や人を傷つける〝刃物〟になってしまうのです。たとえば、資産がありすぎて相続でもめるのはよくある話。昨今は〝後妻業〟や特殊詐欺、泥棒に狙われた話もたびたび聞きます。

宝くじに当たって不幸になる原因で、もっとも多いのがお金の感覚が麻痺して、散財してしまうこととか。ギャンブルや株で得たお金もそうですが、苦労して手に入れていないので、なくなるのも早い。また、お金が目的の人たちとつるんだり、仕事を辞めてしまったりしては、ほんとうの友人や才能を得る機会を失ってしまうでしょう。

幸せなお金持ちは、お金の効力も怖さもわかっているので、つねに謙虚な姿勢です。

「お金＝自分の価値」だとは思っていないため、働くことや学ぶことをやめません。子どもに対して、自力でなにかをつかむ機会を与えるのも、賢明なお金持ちです。

一方、「お金がなくて陥る不幸」も深刻です。こちらのほうが陥る確率は高い。失業、倒産、病気などで、お金がないばかりに、たいへんな苦難にあった人もいるはずです。いちばんは食べ物に窮すること。イライラして些細なお金の遣い方でもめたり、家族が困っているときに援助できなかったりするのも悲しいものがあります。

ただ、「貧しかったからこそ、家族が団結して乗り越えた」という人たちもいます。

私も上京した直後は3つのアルバイトを掛け持ちし、節約生活を楽しみつつも「ぜったいにこの場所から抜け出してやる！」とハングリー精神がバネになっていました。

貧困を貧困と思わずに満足している幸せな人もいます。お金という道具を正しく遣うためには、お金の性質だけでなく、人間の性質も知る必要があるのです。

お金がある（ない）から不幸ではなく、結局、無知だから不幸になるのです

88

「幸せな人生」を先延ばしにせず、「いま」を楽しんでいる

私は毎日、普通に働き、普通に生活していれば、それほど先を案じることはないと思っています。ここでいう「普通」とは、まわりと比べた平均ではありません。

自分のなかでムリをしたり、サボったり、贅沢をしたりすることがなく、生きとし生ける物が自然に動き回るように、心と体を積極的に働かせて生きることです。

お金の不安があるときは来てもいない未来、過ぎ去った過去にとらわれ、「生きるのはしんどいことだ」と思い込んでいるから不自然な生き方になってしまう。そうならないためのひとつのコツは、仕事でも生活でも、学びや遊びでも、喜びのある活動を見つけて、「いま」を楽しみ、生きたいように生きていくことではないでしょうか。

「人並みでなければ」「認められなければ」なんて思うから、しんどいのです。

デフォルトを繰り返し、銀行や公共機関が機能不全に陥ることもあるアルゼンチンを取材したとき、こう言われたことがありました。

「必要な分だけ働いて、夕食は家族や友人と楽しく食べる。この国では仕事を失うのは日常茶飯事。だから、どうなっても生きていけるよう、子どもでもエアコンの取りつけや料理、ネイルなど複数の特技をせっせと磨いているし、人と助け合う力もある」

ちなみに、私の取材カメラマンをしてくれたのは、14歳の女の子でした。

また、近所の神社で開かれる日曜市では、小学生の女の子が自分で描いた絵や要らない雑貨をくじびきにして売っていました。まわりの大人を真似て出店を運営。1回200円のくじで、数千円の売り上げがあり、お客とも友だちになっていたようです。変化の激しい時代だからこそ、そんな原始的な生きる力をもつことが必要だし、ほとんどの人は可能なことだと感じるのです。

未来はいまの積み重ねでしかありません。「いま、できること」に専念していれば、その力はお金と幸せに変わり、心配せずとも、最高の状態で未来はやってくるのです。

人生のどこを切り取っても「やりたいことをやって楽しい」と思える毎日を！

〈著者略歴〉
有川 真由美（ありかわ まゆみ）

作家、写真家。鹿児島県姶良市出身。台湾国立高雄第一科技大学応用日本語学科修士課程修了。化粧品会社事務、塾講師、衣料品店店長、着物着付け講師、ブライダルコーディネーター、フリー情報誌編集者など、多くの職業経験を生かして、働く女性へのアドバイスをまとめた書籍を刊行。著書はベストセラー「いつも機嫌がいい人の小さな習慣」（毎日新聞出版）、「感情の整理ができる女《ひと》は、うまくいく」「50歳から花開く人、50歳で止まる人」「一緒にいると楽しい人、疲れる人」（PHP研究所）、「感情に振りまわされない―働く女《ひと》のお金のルール」（きずな出版）、「『気にしない』女はすべてうまくいく」（秀和システム）など多数。韓国、中国、台湾、ベトナムでも翻訳される。内閣官房すべての女性が輝く社会づくり推進室「暮らしの質」向上検討会委員（2014－2015）。日本ペンクラブ会員。

お金《かね》の不安《ふあん》がなくなる小《ちい》さな習慣《しゅうかん》

第１刷 2023年11月30日
第３刷 2024年12月10日
著　者 有川真由美《ありかわまゆみ》
発行人 山本修司
発行所 毎日新聞出版
〒102-0074
東京都千代田区九段南1-6-17 千代田会館5階
営業本部：03（6265）6941
図書編集部：03（6265）6745
印刷・製本 光邦

ISBN978-4-620-32794-5